県立！再チャレンジ高校
生徒が人生をやり直せる学校

黒川祥子

講談社現代新書

2477

はじめに

首都圏郊外にある、高級住宅地「篠立沢《しのだてさわ》」。私鉄の篠立沢駅の北口にあるバスターミナルでは毎朝、ひどく対照的な2つのタイプの高校生の列を見ることができる。

4番乗り場に並ぶのは大半がA県立槇尾《まきお》高校という学校の生徒だ。金髪や茶髪など男女ともに色とりどりの髪、女子は派手めのメイクに超ミニのスカート、男子は腰パンに鼻ピアス。制服は着ているが、ブレザーの下はトレーナーやパーカー、女子はスカートの下にジャージを穿く子も多い。

かたや6番のバス乗り場には県内屈指の進学校である私立高校の生徒が列を作る。ピシッと制服を着た、いかにも品行方正で勉強ができそうな黒髪の子どもたちである。

だが、本書の主役は、この名門私立進学校の生徒ではない。

A県立槇尾高等学校は1970年代後半に創立された、全日制普通科高校だ。現在の槇尾高は、篠立沢ブランドの瀟洒な一戸建てに取り囲まれた高台に位置するが、創立当時はあたり一面野原だったという。大手不動産会社が高級住宅地・篠立沢を開発し、セレブタウンとなるのはその後のことだ。

A県は1970年代半ばより、「県立高校新設計画」を推進していた。中学卒業者の急増と高校進学率の上昇に対応するべく、次々と県内各地に新設校を誕生させていったのだが、槙尾高校もその一校として開校している。こうした新設校ができたことで、これまで高校進学を諦めていた中学生が進学できることとなり、その結果、地域の「さまざまな問題を抱えた」生徒たちの受け皿としての役割を、他の新設校同様、槙尾高校も担うこととなった。

2010年、A県教育委員会は県内に5校、「再チャレンジスクール」という新たな枠組みの高校を作った。中学までに持てる力を発揮できなかった生徒に対し、再チャレンジの場を与えるという趣旨の学校で、槙尾高は当初からその5校のうちの1校として今日に至っている。選抜基準は「関心・意欲・態度」。入試は作文と面接のみで、学力考査は行わず、中学の成績も考慮しない。

槙尾高は全校生徒720人が定員。1学年240人だが、中退などによって徐々に減っていくのが常で、2016年度の卒業生は203名だった。進路実績は大学・短大・専門学校などへの「進学」が75名、「就職」が92名、そして「進路未決定」が36名。現在の偏差値38は、A県内の公立高校202校の中で190番目前後に位置している。

これから語るのは、この、全国のどこにでもありそうな学校の、およそ9年間にわたる激動の歴史だ。いわゆる「底辺校」「課題集中校」「教育困難校」などと形容される高校で、教職員たちが文字どおり全力で、身体を張って、命を懸けて生徒たちを懸命に支え続けてきた闘いの記録である。

生徒のプライバシー保護を最優先するため、生徒(卒業生)、教員、学校名、地名は原則として仮名とした。特定を避けるために一部の登場人物には話の筋を違えぬ範囲内で最低限の脚色も行っているが、ほぼすべて事実に基づいている。そのような配慮を十二分に重ねた分、教師たちの生々しい本音もかなり突っ込んだ形で描いている。紹介するエピソードも想像を絶するようなシビアなものばかりだし、従来の教育関係書にありがちなキレイごとは一切ない。だから、教育に何か崇高な理想を求めるような人は読まない方がいいと思う。

全国各地の「課題集中校」で教鞭をとる方々、あるいは高校教育全般に携わる方々の中には、衝撃の現実がこのような形で公表されることにショックを受ける方もおられるかもしれない。だが、私はそれでも現実を極力オブラートにくるまない形で記すべきだと考えた。貧困、生活保護、虐待、ひとり親——生きることさえままならない、多くの課題を抱えた子どもたちを、一介の県立高校が学校をあげて正面から支え続けたとき、絶望の中から一筋の希望が見えてくることがある、その希望をどうしても全国の人々に伝えたいと思ったのである。

いま日本中で、槙尾高のような、全日制普通科高校における学力下位校では大変な事態が起きている。高校生から、「普通の」暮らしが消えているのだ。保護・養育されるべき高校生でありながら、親が家を出てしまったために一人暮らしを余儀なくされていたり、親がいたとしても放置されていたり、あるいは、親の代わりに幼い弟・妹の世話で身動きが取れなくなっていたり……このような環境で、どうやって「学生の本分」を全うすることができるだろう。学業だけではない。家庭で社会的スキルや対人関係を学ぶ機会を持たない子どもたちが、そのまま社会に出ればどうなるのか。不安定労働の末の行き着く先は生活保護かもしれない。

困難な境遇で生きざるを得なかった子どもたちを、彼らと接する最前線の高校はどう支え、どう正規労働に就かせ、最終的に納税者としてカウントさせていくのか。高齢化・人口減少が不可避であるこれからの日本において、こうした子どもたちへの対応は、もはや教育問題の範疇《はんちゅう》を超えた、日本にとっての死活問題でもある。

いまや7人に1人の子どもが相対的貧困状態とされるこの国において、教育を一部のエリートや進学校のものだけにしておいていいわけがない。そして、幸いなことに、日本にはまだ、こうした困難な状態におかれている生徒を懸命に支え続けようとする、諦めの悪い教師たちが全国に多数いるのである。

これから綴る物語は、そんな教育者に対する、私なりの精一杯のエールでもある。

目次

はじめに　3
1　ひどい学校 ―― 11
2　貧乏神と熱血漢 ―― 39
3　改革前夜 ―― 89
4　すべては生徒のために ―― 125

5 再チャレンジスクール ―― 181
6 卒業後の居場所 ―― 225
終章 298
おわりに 302

1　ひどい学校

1

「絶対に、最短で異動するぞ」

2005年春、A県立槙尾高校に赴任した社会科教師、渡辺靖（当時46歳）は固く心に誓っていた。

「最短で」というのは「4年間で」という意味だ。それがA県では県立高校に赴任した教員が最も早く「次」の学校へ移ることができる期間を指していた。赴任した年には担任が持てないという慣例があるため、2年目で1年生の担任となり、そこから3年かけて担任を持った子たちを卒業させ、同時に自分も次の高校へ異動する――それが「最短期間」の中身だった。

異動先が槙尾高だとわかった時から、渡辺は「最短」を狙っていた。槙尾がなにかと大変らしいことは知っていたし、槙尾に赴任した元同僚からもさんざん、どれだけ荒れた高校なのか、愚痴めいた話を聞かされてきた。

渡辺自身が教員となって初めて赴任した高校も、槙尾と同じように問題を抱えた「ワル」の吹き溜まりだった。若い頃は「瞬間湯沸かし器」の異名を持つほどの熱血教師で、容赦なく力で押さえつけてきたが、その後、中堅校の穏やかな環境を2校経験し、40代半ばになった身としては、さすがに「熱血はもういいだろう」という思いがあった。

当時、槙尾に赴任する教員のほとんどが渡辺のように「早く出る」と決め、校門をくぐった。それほど、当時の槙尾は教員にとって「ひどい学校」というイメージだった。毎年240人ほどが入学していたが、2年になる頃には200人前後に減っている。1年間で1クラス丸ごと消えるという高い中退率――当時の槙尾では当たり前のことだった。


最短で出ると決めて槙尾高での教員生活を始めた渡辺靖は、東京・早稲田に生まれた。父親はサラリーマン、母親は専業主婦、弟が一人という、渡辺いわく「ごく普通の昭和の家庭」で育つ。下宿屋を営んでいたため、子供の頃は下宿人の早稲田の学生にずいぶんとかわいがってもらった。渡辺自身も早稲田中学から早稲田高校と私立の中高一貫校に進学、ここで4年間、担任だった教師への憧れが、強いて言えば教員となった動機だ。生徒の悩みをちゃんと聞いてあげられる教員になりたいという、漠とした思いが胸に宿り、早稲田大学教育学部に進学。「社会科の先生になりたいと単純に思って」、高校の教員を選び、縁もゆかりもないA県の教員となったのは、当時、東京都では教員の採用がなかったからだ。配属されたのは郊外の新設校。槙尾と同じような高校だった。

新採用の若手教員が目にしたものは、これまでの環境ではあり得なかった光景ばかりだった。鮮烈に覚えているのは、始業式の日にパンチパーマをかけてきた男子生徒が体育館の裏に連れて行かれ、教師にバリカンで丸刈りにされるというシーンだ。衝撃だった。

生徒のこんな言葉にも耳を疑った。

「先生、この学校がなかったら、オレ高校に行けなかった」

ああ、そうか。高校に入れない子もいるんだ。そんなこと、考えもしなかった。オレにとって、高校に行くのは当たり前のことだったから。

槙尾の教員になったということは渡辺にとって、新採用時と同じような環境に戻ってきたことを意味した。学校行事は一切成り立たず、タバコ、バイク、ケンカと生徒は次々に問題を起こす。当時の槙尾はヘラヘラしたチャラい不良ではなく、ずしっと凄みのある、「これぞ、ワル」といった筋金入りの男子生徒が多かった。

生徒はほとんど授業を聞かず、携帯電話をいじるか、女子は化粧に集中し、よくてせいぜい黒板を写すだけ。ただし教室にいればまだいい方で、授業中に廊下を歩いている生徒も相当数いた。

「あの頃のオレの最高の幸せは、昼ご飯を昼休みに食べられること。カップラーメンのお湯を入れるタイミングが最大の問題で、生徒が問題を起こし、お湯を入れてから5時間経って、机に戻ってくるのもザラ。『やべえ、今日は食えねえよ』って」

でもいい、これも4年の辛抱だ。 だから作戦どおり、2年目に担任を持った。当時は一学年6クラスだったが、担任希望者は全部で3人しかいなかった。

しかし、渡辺の目論見は完全に崩れることとなった。1年の担任だった秋に、管理職から予想もしない声がかかったのだ。

来年度から、「生徒指導部」のリーダーである、生徒指導主任になってほしいというのだ。

「生徒指導」とは、学習指導と並ぶ、学校教育における重要な柱の一つだ。

生徒指導には、「生徒指導主事」という統括者を配置することが学校教育法施行規則で定められている。渡辺に打診があった生徒指導主任というポジションが、まさにそれだ。

生徒の人格形成を助け、自分らしく生きることができる大人に成長するよう、多様な場面で働きかけをしていくのが「生徒指導」とされるが、それは建前である。最も重要な仕事として現実的に期待されるのは、学校の治安や秩序を保つという役割だ。ゆえに、いじめや暴力行為など問題行動への対応こそが、「生徒指導」の主たる仕事となる。

槙尾のような高校の場合、教師たちが身をすり減らしても余りある「指導案件」がしょっちゅう起きる。タバコ、バイク、暴力などで生徒指導の対象とされる生徒が、当時で年間200人以上、これは全生徒の3人に1人に及ぶ。

それゆえ、他校では6人ほどで済む生徒指導体制が、槙尾では10人もの人員が必要とされた。そのリーダーである生徒指導主任ともなれば、担任を持つのは不可能だ。それどころか、通常は1週間に16時間持つ授業を6時間に減免される。授業をやっている場合ですらないのだ。

問題が噴出する槙尾で、生徒指導のリーダーをやるなんて、オレはそんなタマでは断じてない。

声がかかった時、渡辺ははっきりとそう思った。これまでも生徒指導の部署に回されたことはあったが、激しい指導は性に合わないし、バリバリやったこともない。

「やだなあ。やりたくねえ。早く、槙尾を出てえよ」

これが本音だった。やりたくない一心で、何気なく家族に相談した。

「今、槙尾で、来年から生徒指導主任をやんないかって言われてんだよ」

今年、高校生となった娘が聞いてくる。

「お父さん、生徒指導って何?」

「ほら、いろいろ問題起こすヤツがいるだろ? そういう生徒をちゃんとさせる仕事」

「お父さん、やめて。死んじゃうよ」

娘の口からまさか、「死んじゃう」なんて言葉が出てくるとは。中学のクラスメイトが何人か槙尾に進学していた娘には、それがどういうことなのか、すぐにイメージできた。父に、そんな大変な目に遭ってほしくないという、娘として素直に湧き上がってきた思いだった。

あれ？　こいつ、案外、オレのことを心配してくれるんだ。まさか、教員が殴られる場面でも見たことがあるのかな。でもさぁ、そんな真剣な目で、オレを見るなよ。

照れくささの中で、生来の天邪鬼《あまのじゃく》、反抗心がむくむくと頭をもたげてきた。

娘に心配されるほど、まだ老いぼれちゃいないんだよ、オレは。

大変だと言われれば「やってやるぜ」となぜか、なる。その時、なぜそう思ったかは今でもわからない。

ふっと笑って、娘にささやいた。小柄で丸顔の温厚そうなキャラクターの渡辺靖、眼鏡の奥の瞳はどことなく優しげだ。

「決めた。お父さん、やってみるわ。心配ないからさ」

槙尾で48歳という、最高齢の生徒指導主任が誕生した。多くの教員が最短で異動するばかりか、身体を壊して職場を去る、心労で激やせする教員も少なくない。そんな職場で、渡辺靖は自身の教員生活で初めてとなる生徒指導主任という大役を引き受けた。それは槙尾という職場に、否応なく腰を落ち着けざるを得ないことを意味していた。

2

「山本先生、次の学校が決まりましたよ。槙尾高校ですよ！」

ずっと折り合いの悪かった女性校長が満面に笑みを浮かべながら、体育教師の山本康平（当時50歳）にそう告げた。

槙尾がどんなに大変な学校か、高校教員ならみんな知っている。校長め、ハメやがった。ああ、やられた。まさか、50にもなって、あんな大変なところに飛ばされるとは……。あの学校で、オレはどういうふうに過ごすんだろう。一体、部活は成り立つのか。

そもそも、バスケットボールを続けたくて教員になったようなものだった。本来なら、3人の兄・姉と同じように中卒で働くことを家族全員から期待されていた。父を早くに亡くし、10歳上の長兄が後を継いだ工務店に、兄を支えるべく就職するはずだった。しかし、地元の中学でバスケットに夢中になり、どうしてもバスケを続けたいと家族に頼み込んで工業高校へ進学した。卒業後は今度こそ働くはずだったが、バスケへの執着を捨てがたく、日本体育大学体育学部へ進んだ。

大学卒業後もバスケに関われる仕事がしたいと行き着いたのが、高校教員だった。なかなか採用試験に受からず非常勤講師を続けながら、3年目で教員になり、赴任地は母校の工業高校。「ヘタクソでもいいから、みんなで面白くやろうぜ」と、最初は生徒と一緒に遊んでいる感覚だった。次の中堅校では、顧問となったバスケ部が県大会で優勝するなど、指導者としての能力も発揮された。3校目、つまり今勤めているこの学校では「最短」の4年で出ることになった。折り合いの悪かった校長に槙尾に飛ばされたのかどうかは、いまだにわからない。

2006年4月、山本は槙尾高の体育館の壇上にいた。今年度に赴任した教員が生徒と対面する、「着任式」が始まろうとしていた。

バスケットボール選手だった過去をうかがわせる長身で痩軀《そうく》、頭髪はすでに真っ白だ。ぼそっとした朴訥《ぼくとつ》な語り口、穏やかな人柄のベテラン教師の前には、彼がこれまで見たことのない光景が広がっていた。

生徒がやけに少ない。おまけに、その数少ない生徒たちは、思い思いに体育館の床に車座になって座り、あちこちに輪ができている。式の最中なのに悪びれもせず、後ろの扉から生徒がぽつりぽつりと入ってくる。**なんで、外履きの革靴なんだ？　床に傷がつくし、汚れるだろう。**

壁の前に荷物をどさっと置いて床に座るや、そのまま、ごろりと床に寝っ転がる。

これが、「式」なのか。以前赴任していた工業高校だって、もっと規律正しいものだった。リーゼントのツッパリたちでさえ、きちんと整列していたぞ。

ふと何かが視界をよぎる。体育館の壁際に無数のジャージが転がっている。体育用ジャージの上下がぐしゃっと脱ぎ捨てられ、隅に放置されていた。

体育教師としてはたまらない。

「ありゃー、忘れ物のジャージがこんなに置きっ放しになっているのかよ」

え？　脱ぎ捨てられたジャージにしては、やけに服が盛り上がっているぞ。あれ？　足が出てる。

目を凝らして、はっと息を呑んだ。

「ジャージを着た生徒が、転がって寝てるんだ。ここにもあそこにも、ああ、全部、人間か……」

3年の副担任になった山本は、担任の代わりに朝のホームルームに行き、着任式の衝撃に続く、槙尾の洗礼を受けた。

チャイムが鳴ったというのに、教室にいる生徒は1人か2人。ちらりほらりと遅れて教室に入ってくるが、ホームルーム終わりのチャイムが鳴っても、せいぜい5～6人しかいない。中堅校ではあり得ない。信じられない思いで、職員室に戻って教員に問い質した。

「いいんですか？　授業が始まるのに教室に生徒がいないんですよ」

前からいる教師は平然と言う。

「いやあ、いつも、こうですから」

校内のあちこちに、タバコの臭いが立ち込めている。教師の目をかすめて吸う子がどれだけいるのだろう。職員室では、とにかくどの教員も忙しい。これまで経験してきた「普通の高校」としての一日が、ここにはない。年中、問題が起き、教員がその対応にドタバタと動き回る。

槙尾に赴任してきた同期たちは、皆、槙尾の現実の前に頭を抱えていた。長年、教員として蓄積してきた経験がほとんど役に立たない。

早くも4月末には一人が心労で、「槙尾では、もうやっていけない」と退職を決めた。別の一人も、5月の半ばからストレス障害で休職に追い込まれ、そして6月にも一人。

山本は何とかしようと、「同期の桜会」を提案した。同期に赴任した者同士、集まって飲もう。そこで愚痴でも悩みでも何でもお互い、吐き出そうと。

「みんなで飲まない？　いろいろストレスも溜まってきたし、学校の中じゃ、うまく話せないこともあるし」

乾杯後、幹事の山本が口火を切った。

「みんな、オレと同じような年で槙尾に来るって、そりゃあ、大変だよね」

誰もが、うなずく。

「これって……左遷だよね」

力のない笑いが起きる。

「だけど、こんな生徒、本当にいるんだね。まるで、異人種のような」

確かに、教師たちの前にいるのは進学校や中堅校にはまるでいなかった生徒たちだった。共通言語が無いと思えるほど、言葉がまるで通じない。お互いの間に、共通の文化もおそらくない。教師として長年、培ってきたスキルが、槙尾の生徒の前では何も役に立たない。これまで何をやってきたのかと、教師たちは自分を問い詰める。予定調和の中で、生徒と会話してきただけなのかと。何より、自分が子どもに届く言葉を持っていないという現実が、身を切られるほどつらかった。「同期の桜会」という、ささやかな横のつながりを持つことで喘ぎながらも、何とか、教壇に立ち続けた。

年長者である山本は、静かな眼差しで生徒たちを観察していた。やがて、いくつかの気づきがあった。どうも、基本的な生活習慣ができていない子が多いような気がする。

校内を革靴で歩くのは、マナーとしていけないことだとわかっていないからだろう。上履きを持っていない子も複数いるようだ。だから、校内を革靴で歩くのだ。なぜだろう、上履きも買えないのか、親が買い与えないのか。教師とぶつかる子も多い。ストレスのようなものをいろいろと抱えているのだろうか。カッとなると自分を抑えることができず、カチンときた教師の足元に物を投げたり、体当たりしたり、カバンをぶつけてきたりする。標的となっているのはどうやら、口やかましくて、生徒の話をあまり聞かないタイプの教師たちのようだった。

体育の授業も、最初は面白がって身体を動かすけれど飽きやすい。

「もう、いいや、オレ」

そう言ったきり、ぷいっとどこかへ行ってしまう。心配で追いかけて捜し回ったことは一度や二度ではない。

ただ、幸いにも山本には、個別に生徒とつながれる要素があった。自分の子どもと生徒たちが同世代で、娘の中学時代の同級生も在籍していたからだ。その生徒たちが、「友達のパパ」だとわかって気さくに話しかけてくる。少しずつ糸口を広げながら、山本は意識して生徒たちと話をしていくようにした。周囲の教師たちを見ていて、生徒に有無を言わさぬ強い出方をすると、うまくいかないこともわかってきた。

大変な生徒たちだけど、いったん人間関係ができてくると、違った面が見えてきた。生徒が山本にニコニコと話しかけてくる。

「あっ、オレ、このおじさん、知ってる！　名前は知らない。でも、この前、会ったから」

何だろう、この子たちの人懐っこさは。今まで会ってきた、中堅校の生徒たちとは全然違う。一度、何か関係ができれば、無防備なまでに懐いてくる。素直で、なんてかわいい子たちなんだろう。

山本と同期たちは赴任して2年目に、1年生の担任を持つことにした。通常なら当たり前のことなのに、こと槙尾の担任となると尻込みもしたくなる。この件については「同期の桜会」の席上、全員で確認した。

「みんなで来年、担任を持とうよ。みんなで助け合っていけば、絶対に何とかなるから」

こうして担任を持ったことで、山本には少しずつ生徒たちの家庭環境が見えてきた。ひとり親の家庭、生活保護家庭の子が多い。上履きを持っていないのは家庭が困窮しているからだった。挨拶《あいさつ》ができない、お礼を言うなど基本的な生活習慣ができていない生徒に話を聞けば、小さい時から一人で放っておかれてきたという。親に何も教えられていないのだ。問題だとされる行為や行動の多くが、家庭に原因があることがわかってきた。

いろいろ手を尽くしたが、クラスで5人の生徒が2年に進級せずに学校をやめた。ある女子生徒は両親との折り合いが悪く、家にいることができずに友達の家に入り浸るようになり、やがて学校に来なくなった。結果、出席日数が足りずに中退に追い込まれた。

あの子を何とか、救えなかったものか。外側から見ているかぎりでは、普通の家庭だと思っていたけど、親子関係は破綻《はたん》していた。だから、あの子は家があるのに帰れず、ストリートチルドレンのような状態になってしまった。現実にそういう子どもがいるんだ。家庭が子どもの足かせになるってことを、この年で初めて知った。今、このオレがこの子たちに何をしてあげられるんだろう。

山本は自分に鋭く問うた。

「とにかく話を聞くことだ。粘り強く話して、何とか学校に目を向けさせよう」

とんでもない大変な生徒たちが、山本には「何とかしてあげたい」子どもになった。

3

山本康平と同期で槙尾に赴任した水谷香織（当時40歳）は、最初から、槙尾の指導方針に違和感があった。

水谷の目に映った、教員の生徒への対応は、一言で言えば「生徒たちを学校に閉じ込めておくこと」だった。確かに生徒は日々問題を起こし、その度に地域から苦情が来る。だから生徒を外に出さないように、教師が立ち番や巡回をして、生徒を登校時間から下校時間まで教室に放り込んでおく。それが対外的な問題を起こさせないための方策だった。

「これでも、かなり良くなったんですよ」

前からいる教員は胸を張ったが、本当にこれでいいのか、水谷には釈然としないものが残った。

水谷は東京・山の手生まれ。大企業に勤める父と専業主婦の母のもと、「そこそこ、教育熱心」な家庭で育つ。筑波大学卒業後、「普通の就職は嫌だった」ため、高校の非常勤講師や家庭教師、無農薬野菜の宅配などいろいろな仕事をしたが、非常勤講師の時にさまざまな生徒との出会いがあり、「この仕事、面白いかな」ということで教員になった。2校に勤務した後、38歳でA県の長期派遣研修に応募、2年間、大学院で教育社会学を学ぶ機会を持った後、久々に復帰した現場が槙尾高だった。

槙尾では、3年の政治経済の授業を持った。だが、誰一人、授業に興味を持たない。寝ている生徒たちを前に、水谷はわが身に問わずにはいられなかった。

「生徒に響かない授業をやっている私って、一体、何なの？」

こんなこと、初めてだった。

頭脳明晰でスラリとした長身、オリエンタルな雰囲気を持つ水谷は、これまでは生徒とともに新しいことに挑戦しては成果を出してきたし、その自信もあった。

新採用で赴任した高校では、他の教員たちの「ウチの子たちはどうせ、できないから」という見方に強い反発を持った。地理の授業で環境問題を扱った際、水谷は市に水道水を供給する隣県の村へのフィールドワークを生徒に提案、敢行する。都会の高校生は水源の村で大歓迎を受け、水道局でも喜ばれ、この成果を文化祭で発表、新聞の地方版で取り上げられた。この一連の作業が間違いなく、生徒にとって大きな自信へとつながった。この時、確信したものが一貫して、教員としての水谷を支えていた。

「できない、じゃなくて、できるじゃん。どんな子の中にも、その子自身が目指そうとする、生きようとする力が潜んでいて、そこに光を当てるのが、私たち教員の仕事なんだ。あの子たちが、私にちゃんと教えてくれた」

前例のないことでも生徒のためなら取り組み、生徒たちの世界を広げてきたと自負する、その水谷が相当にへこんでいた。

3年の政治経済って、この子たち、消去法で選択しているだけ。どの科目が、ラクに単位が取れるかっていう。興味がないから、授業中、寝るのはしょうがない。生徒たちは悪くない。悪いのは、この子たちに、リアリティのない授業をしている私だ。

じゃあ、生徒たちにとって、何が、リアリティがあるんだろう……。

ずっと考えあぐねていた水谷が「はっ」と膝を打った。半年ほど経った頃だった。

「労働法だ！　この子たち、みんな、アルバイトをしているから」

ただ条文を読み込んでいく授業では、寝ている子を起こせない。どんなやり方が生徒の心に響くのだろう。もともと槙尾では労働法教育に熱心だったが、使っているテキストが難しすぎた。

「そうだ！　労働法をクイズにしてみよう。『コンビニでバイトをしました。労働法では最低賃金が定められています。アルバイトにはそれが適用されるのでしょうか？』とか。休憩時間や休日とか、子どもたちがやっているバイトのいろんな場面を想定したクイズを作って、場面に沿って話をしてみよう」

かなり苦心したが、「労働法クイズ」のテキストが完成した。タイトルは「アルバイターの権利を考えよう」。

テキストには、こんな項目が並んだ。

〈フリーターには、労働基準法は適用されない？〉

〈試用期間は見習いなので、労働契約は無く、いつ解雇されても仕方がない？〉

〈朝礼や後片付けの時間は、働く時間（労働時間）に含まれない？〉

読み上げては、生徒たちに呼びかけた。

「ねえ、みんなアルバイトしてるよね？　これって、どう思う？」

寝ていた生徒が一人、二人と顔を上げだした。最低賃金の話を始めた途端、ざわめきが起きた。生徒たちは「最低賃金」という言葉さえ知らず、無防備なまま雇われていた。

女子生徒が立ち上がる。

「先生、あたし、コンビニだけど、時給710円だよ。これって、最低賃金行ってないかも」

水谷は即座に答える。この年のA県の最低賃金は時給720円だった。

「えー、だってこれは法律だから、最低賃金法に違反していることになるんだよ。コンビニの人にちゃんと言った方がいいよ」

次の授業でその女子生徒が、うれしそうに水谷に報告した。

「先生！　時給、上がったよ！」

瞬間、教室にどよめきが起きる。

「えー！　時給、上がるのか！」

「言えば、変わるんだ！」

「店長に話したの。そしたら、『ごめん。最低賃金、上がってたんだね。忘れていたよ』

って。それで最低賃金にまで上げてくれた」

法律を守らない意図はなくても、最低賃金が上がったことに気付かない経営者もいる。生徒たちは行動した。だが、すべてが先の女子生徒のように手放しでうまく行くわけではなかった。

「先生、オレ、居酒屋なんだけど、店長に言ったら、『高校生には適用されないよ』って」

「高校生に適用されないなんて絶対におかしいから。厚生労働省の冊子を持って、店長に話しに行きなよ。これは国が出している、労働法について簡単にまとめた冊子だから、最低賃金法のページを見せて、高校生には適用しないなんて決まりはないって、言ってごらん」

水谷は槙尾に来て初めて、確かな手応えを感じた。法律をきちんと学べば、自分の状況を改善できるということを、生徒たちは自分の体験としてわかってくれた。

「これだ！　生徒たちに、リアリティのあるものを提供することが、ものすごく大事なんだ」

水谷には槙尾に来てもうひとつ、釈然としないものがあった。それまでの槙尾高校で伝統的に行われていた、「キャリア教育」の一環である「会社見学」だった。「キャリア教育」とは、生徒の勤労観や職業観を育み、自立できる能力を育てていくものだ。

槙尾の会社見学は、クラス単位で実施される。だがクラス単位の40人となると、受け入れ先が限られ、小学生対象の工場見学のようなものしかない。しかも大勢で行くものだから生徒たちは遊び半分、はしゃいで騒いで、その結果、「もう、来ないでくれ」と受け入れ先から言われてしまうこともあった。

全クラス分の受け入れ先を探すだけでも容易ではないのに、そこまで苦労して見学先を探したとしても、進路決定に何かプラスになるのだろうか。1年目はこれまでのやり方を受け入れざるを得なかったが、変革すべきだという強い思いが水谷にはあった。

翌年、地域の経営者団体である法人会から「槙尾高を支援したい」という申し出があった。市内の中小企業や個人事業主を会員とする公益社団法人で、地域社会への貢献活動を積極的に行っている。

当時会長を務めていた高橋栄（当時72歳）が槙尾高のPTA会長から依頼を受け、同校への支援を決めたものだが、それは高橋自身がかつて「やんちゃだった」からこそ、そういう子たちに機会を与えたいという強い思いからだった。

まずは法人会の資金で校舎内外の美化に着手し、凸凹だらけの校庭を整地した。

次は生徒だ。ここで高橋は考えた。

「生徒に何をしてあげればいいのか。全部の生徒は無理だ。1年生を徹底的に教育しよう。出前のマナー研修だ。お辞儀の仕方、返事の仕方、礼儀作法を教えよう。講師の謝礼は法人会で出す。こうして毎年、1年生を対象にやっていけば、少しずつ生徒の質も変わっていくだろう」

さらに高橋は、法人会に参加している企業が、夏休み期間中ならば職場見学に応じる用意があることも学校側に伝えた。

「これだ！」

水谷香織は確信した。クラス単位で送り込むから、会社見学はただの遊びで終わってうまくいかない。法人会の協力のもと、1人か2人という少人数で、地域の事業所に行く「職場体験」に変えてみよう。「会社見学」ではなく、「職場体験」だ。

槙尾の生徒たちを見ていて、水谷には、はっきりとわかったことがあった。

生徒一人一人は気が弱く、自分に自信がない。地域から「とんでもない生徒」とレッテルを貼られ、教員が外に出ないよう閉じ込めておく子たちだけど、内面はとても脆《もろ》いのだ。

だからこそ、この子たちに、何よりもまず自信をつけさせたい。そのためにも、地域の理解ある事業所に受け入れてもらうことが、どれだけ大きな力となることか。法人会が協力を願い出てくれている今こそ、変えていく格好のチャンスだ。

しかし前例のないことには、反対が起きる。職員会議は紛糾した。

「あの1年たちを外に出すなんて、3年の就活をダメにするに決まっているでしょう」

「夏休みという長期休暇中に、なんでわざわざ、前例のない、大変なことをやるのか。教員の仕事が、どれだけ増えると思っているんだ！」

「うちの子たちは外に出すより、学校の中に置いておけばいいんだよ。どうせ外に出したって抗議が来るに決まってんだから、かわいそうじゃないか」

予想どおりの、猛烈な大反対。孤立しがちな水谷を援護してくれたのが、山本康平をはじめとした「同期の桜会」のメンバーだった。

「ここは、やってみましょうよ。やってみないことにはわからないじゃないですか。われわれ1年の担任も、一生懸命に生徒をバックアップしますから」

山本の援護射撃を受けて、水谷はそのまま強引に押し切った。職員会議で採決を取れば、否決されることは目に見えていた。

「対外的には法人会さんとの間で、すでに具体的な話が進んでいます。法人会さんはものすごく前向きで、協力を惜しまないと言ってくださっています」

こうして2007年、「同期の桜会」が担任を持っている1年生全員、240名弱で、槙尾高で初となる「職場体験」が実現する。期間は2日間。とりわけ年長者の山本が全面的に協力してくれたことが、水谷にとって大きな支えとなった。

水谷は生徒たちの受け入れにあたって、地域の事業所にひたすら頭を下げ続けた。

「槙尾高に来ている子どもたちは、これまで大人から十分に大切にされてこなかった子が多いんです。中学まで端っこの方にいて、目もかけられていません。家庭的に恵まれない子も多い。皆さんはこの子たちにとって、学校の教師以外に会う、初めての大人なんです。とんでもないことをやったり、失礼なこともあったりするかもしれませんが、ぜひ、あたたかく迎えてくださいませんか」

生徒一人一人に希望を聞き、受け入れに手を挙げている事業所の職種とマッチングし、生徒たちは地域へ散って行った。

どの生徒も、大人たちに親切に迎え入れてもらう喜びを知った。それは、生徒たちの人生にとって初めてと言っていいことだった。

ある女子生徒がちょっとはにかみながら、水谷に話した。アパレルの販売職を体験した子だ。

「『スタッフにしてもいいぐらいだ』って、すごくほめられたよ」

こんな誇らしげな顔は、授業中でも放課後でも見たことがない。ふふってこぼれた笑顔に、何ともいえない喜びが溢れていた。

酒屋に行った男子生徒は、店主と一緒に車に乗って配達を行った。

「先生、配達の途中、社長さんが『メシ、食うか』って。オレ、お昼をおごってもらったんだ。『何でも好きなもの、食え』って。大人の人にごちそうしてもらうなんて、オレ、初めてだった。すごくうまかった」

男子生徒は、幼い子どものようなくしゃくしゃの笑みだ。普段から十分な食事が望めない子たちだ。どれほどうれしかったことだろう。

生徒たちの笑顔の報告を聞くたびに、水谷は胸が震えた。

これだ！　大人がご飯をおごってくれるって、生徒にとってはものすごくうれしいことで、大人って優しいんだ、親切なんだ、信頼していいんだっていう体験を、あの子たち、やっと味わうことができた。きっと、初めてなんじゃないかな。地域の大人に大切にされたのは。

これ、子どもたちにとってはものすごい宝物になると思う。

水谷は確信する。生徒の自立を育むキャリア教育のベースにあるのは、「人を信頼する」ということだ。信頼できる大人と出会い、困ったら相談できるということを生徒たちが知るのがまず、第一歩だ。もっとも、これはキャリア教育に限らない。生徒たちがこれから生きていくにあたって最も大切なことを、この2日間で体験することができたのだ。

生徒には事前と事後にアンケートを取った。行く前は「すごく嫌」「不安」という声もあったが、事後はほとんどが「行ってよかった」「学ぶことがいっぱいあった」という喜びの声に変わっていた。

水谷も含めて教員全員が、不安の塊で送り出した生徒たち。それが、これほどまでに喜んで帰ってくるとは——職場体験の2日間が生徒にとって、大きな自信になったことを教員たちは実感した。

水谷はよくわかっていた。**だって、うちの子たちに最も足りないのは、自分が大事にされるという経験なんだから。槙尾の子たちに、「自分が大事にされている」という感覚を知ってほしい。その感覚を持つことで、少しでも自分への自信につながれば、今よりはきっと前向きになれるから。**

水谷が半ば強引な形で推し進めた職場体験は、今日でも1年生全員が夏休みに行う、キャリア教育の重要な柱となっている。

現場の教員には知る由もなかったが、この時期、A県の教育委員会はこれまでにない、新たな高校を作ろうと動き始めていた。いろいろな課題を持った生徒、「落ちこぼれ」と言われる生徒の受け皿となる高校だ。「入試では学力考査をしない」「30人の少人数学級」

という大枠だけが水面下で決まろうとしていた。

A県内に5校作られるという、この新たな高校の一つに、槙尾高校の名前がすでに挙がっていた。

2

貧乏神と熱血漢

1

その日、校長の吉岡博史（当時57歳）は夕方早めに槙尾高を出た。雨がぽつぽつ降り始めてきたので傘をさし、バス停に向かう坂を下り始めたところだった。

右手に公園が見えてきた頃、後ろから女子生徒の声が聞こえてきた。間違いなく、槙尾の女子たちだ。数人が走りながら、結構な勢いで近づいてくる。

あっ、校長だ！　そんな声が聞こえてきた。明るめの茶髪にばっちりメイクをした、超ミニの集団が追い越しざまに声をかける。

「こうちょうー、ねえ、傘、貸してよ！」

たまたま吉岡は鞄に、もう1本、折り畳み傘を持っていた。

「ほら、貸してやろうか」

瞬間、女子たちがえーっと盛り上がる。

「わー、本気にしてんの！」

「やだー、ほんとに傘、出てきちゃった。じゃあね！」

「校長、またね！」

そう言い残して、一陣の風のようにミニスカ軍団は一斉に坂を駆け下りていく。ケラケラと笑いながら。

やられたなーと吉岡は思った。普通の高校生なら、校長がいたところで無視して走っていくだろう。気づかないふりをして。大人と関わるのはあの年代にとって面倒くさいものだ。ところが、たいていの槙尾の子たちはそうじゃない。

「校長が目の前にいたから、『傘、貸して』なんだよ。『傘、貸して』は挨拶なんだ。そうだ、あいつら、挨拶なのに割と無理なことを言ってくる。別に、傘が必要なわけじゃない。なのに、まさか『貸してやろうか』となったから、『えー!』ってびっくりしたわけだ。でも、まあ、それはそれでいいやと走って行く。うちの子たち、人に話しかける時は、こういう接近法をとるんだよなー。『校長先生、さようなら』じゃなく、『傘、貸して』って。なんだよ、オレ。思わず鞄から、傘、出しちゃったじゃないか」

眼鏡の奥にある吉岡の理知的な瞳がふっと緩む。

不思議な子たちだ。何度、驚かされたことだろう。

吹けば飛びそうな痩軀に七三分けの黒髪、いかにも学者肌というちょっと斜に構えた偏屈そうな風貌。早稲田大学第一文学部で西洋史学を専攻、東京教育大学(現・筑波大学)の大学院ではロシア史の研究に没頭したという吉岡は、教師ではなく研究者としての道も十分にあり得た。

吉岡はシベリア抑留の経験がある中学校教師の父と、小学校教師の母という教員一家に生まれた。育ったのは東京・世田谷、下町の風情が残る庶民の街だった。吉岡が小学4年の時、母は教員を辞めて、勉強が不得意な子たちのために自宅で塾を始める。

院生時代に都立高校の非常勤講師を経験した吉岡は、「教えるのも面白そうだ」とA県の高校教員になった。社会科教師として14年間を学校現場で過ごした後、40歳からの14年、教育委員会という行政の場で働いた。盲学校の校長を経て、久々に普通科高校の現場に戻ってきたのが、ここ槙尾高校だった。定年まであと3年、高校教員としてここが最後の現場となる。

「本当に、うちの子たちは思いもかけぬことをやってくれる」

吉岡は「やられた」と一人、笑う。

独特の接近法に、独特の距離感。乳幼児期に、母親などの養育者からたっぷりの愛情をもらえなかった一つの証とする心理学の学説もある。養育者との間に「愛着」という信頼の絆を育むことができなかった子どもは、暴力衝動を抑えられなかったり、他者との適切な距離がわからずベタベタと近づいてきたり、落ち着きがなく不安定だったりと、さまざまな「障害」を抱えてしまうことが往々にある。

いや、そんな心理学的分析はどうでもいい。

「普通の高校生なら面倒くさいから、大人と距離を取る。でも、うちの子たちはどこかで、もらえなかったものを埋め合わせしようとするんだろうな。家庭で当たり前にもらえなかったものを」

吉岡は校内で、こんな光景を目撃したことがある。母親がいない女子生徒が、ベテラン女性教師の背中に突然抱きついてくる。女性教師は驚いて注意する。

「こら、やめなさい！」

女子生徒はさらにぺたーっと教師の背中に身体をつける。そして……。

「おかあさんって、こういう匂いなんだ」

瞬間、たまらない思いになる。

「距離の取り方が異常なんじゃなくて、これまでのあの子の人生がこうさせるんだ」

育ってきた文化がこれほどまでに違うのかと、吉岡はいつも思う。

オレたち教員っていうのは、なんだかんだいっても学校への適応力が高かった人種だ。ちゃんとした家庭に、それなりに成績優秀できた人間が多い。だから、どんなベテラン教員も、槙尾に来れば頭を抱える。なぜなら、これまでの経験がほとんど通用しないから

だ。普通、こう言ったらわかるだろうと思うことが、うちの生徒にはなかなか通じない。なにしろやつらの挨拶は、「傘、貸して」なんだから。

だけど会って話せば、ほどなくわかる。大半の生徒が「普通の」環境にいないことが。家庭で与えられるべきものを与えられていないということが。家庭ばかりか、これまで学校という場でもずっと疎外されてきたということが。

そして本当はとても人懐っこくて、かわいい子たちであることも。

2

2008年、槙尾高に2人の管理職が着任した。校長の吉岡博史と、そして教頭に就任する原田憲介（当時53歳）だ。当時、A県教育委員会は、全日制課程の普通科高校に「これまで以上に学習意欲を高めることができる、新たな仕組みの学校」を作ろうとしており、槙尾高がその一校に指定されることを見越しての布陣だった。

新しい仕組みの高校は、「これまで持てる力を十分に発揮しきれなかった生徒」、ストレートに言えば、中学まで落ちこぼれとされてきた子どものために作られるものだった。いわゆる「底辺校」、あるいは「課題集中校」などと呼ばれる、偏差値が低く問題児ばかりが入学するとみなされる高校を、A県教委は抜本的に改革しようと動き出したのだ。これは同教委が追求している「支援教育」という理念に基づき、構想されたものだった。

２００８年春の時点で確定していたのは、２０１０年に実施予定ということと、その「新たな高校」は既存の高校に作られること、そしてその5校も確定していた。のちに「再チャレンジスクール」という名称がつくのだが、この時点で呼び名は決まっていなかった。

その槙尾でリーダーを任された吉岡は、A県の「支援教育」という流れに、最も近い場所にいた人物でもあった。教育委員会で仕事をしていた当時、「支援教育」という理念を作り上げた中心人物こそが吉岡その人だったのである。

文部科学省は２００１年の省庁再編に際し、「特殊教育課」を「特別支援教育課」に変更し、従来の障害児教育の枠に加えて、「学習障害」や「注意欠陥多動性障害」などといった通常の学級に在籍する発達障害の子どもたちへの特別な支援の仕組みを整えた。それが、「特別支援教育」だ。

こうして文科省の方針のもと、日本全国の教育行政が「特別支援教育」への取り組みを開始する一方で、A県だけは独自の路線を進むことになる。

その背景にあるのは、１９９４年、スペインのサラマンカで開催されたユネスコの「特別なニーズ教育に関する世界会議」で採択された、「サラマンカ宣言」である。同宣言で明確にされたのが、「すべての子どもたちを一体として包み込む教育＝インクルージョン

（包括）」の考え方だ。「サラマンカ宣言」は障害のあるなしにかかわらず、すべての子どもたち一人一人のニーズに対応し、そのニーズに応じた教育を、分け隔てのない場で実践するよう求めていた。さらには、「子どもを学校に合わせるのではなく、学校が子どもに合わせていく」点も同宣言では明記されていた。

このサラマンカ宣言をどう学校教育に生かしていくか、吉岡は宣言の翌年から、インクルージョンを目指す学校改革に積極的に取り組んでいくことになる。

教育委員会の障害児教育課で働いていた吉岡は、文科省から「特別支援教育を推進するように」という通知があった際に、発達障害という枠組みに縛られるのはよくないと直感した。発達障害の子に限定した支援はよくない。文科省の特別支援教育とは違う方針で行こうと、吉岡は責任者として決定する。A県独自の支援教育を展開していくのだ。

吉岡は生徒が直面する困難を、発達障害か否かで二分してしまうような事態はどうしても避けたかった。この判断に至ったのは、自身に揺るがぬ信念があったからだ。

「発達障害の子は確かにいる。オレは特別支援教育をやらないと言っているわけじゃない。だけど、その発達障害の子だって、家庭の状況が複雑に絡んでいたり、外国籍でなじめなかったり、それぞれがいろいろな困難を抱えているわけだ。すべてが単純に、医学的な診断名だけで判断できるわけじゃない。でも、特別支援教育の発想は『発達障害か、そうでないか』の二分法に近いんだよ。

オレ、はっきり言うよ。純粋な医学的規定、診断名のみで児童生徒を判断するなよ！教育というものは本来、『障害』という医学的モデルからではなく『本人が困っているものは何か』から出発しないといけないんだ。子どもを、医学的診断名だけで理解できるわけがない。親の考え一つにだって子どもは左右される。単純にはいかないんだ。個々の子どもそれぞれの事情をみていかないと。それが教育というものじゃないか！　診断名からは、本人が困っているものは何かは出てこない」

吉岡自身、長男が自閉症という障害を抱えていた事実が、多かれ少なかれ影響を与えていることは自覚していた。長男は話すことができないため、「言葉がないのはきついから」と、吉岡は動作によって意思表示をする「サイン言語」を教えた。

「他人事ではなく、当事者だよ。妻は当初、ものすごくショックを受けて、オレもショックだったけど、育てていくしかないからね。うちの子はなかなか大変で、小さい頃は街中でよくパニックになった。世の中の動きが理解できずに、大混乱に陥るわけだ。そうなるといきなり叫んだり倒れたり、世の中のルールに合わないことをするもんだから、世間の風は冷たいんだけれど、割と丁寧に対応できたのは、大学院でロシアの心理学者、ヴィゴツキーを研究していたのが大きかったと改めて思う」

レフ・ヴィゴツキー（1896〜1934）、旧ソビエトの心理学者で、障害児教育にも取り組んだ人物だ。吉岡が影響を受けたのは、彼の「障害を引き算で考えるな」という考えだった。

「言葉が出ないとか、『〜がない子ども』『〜ができない子ども』という観点から子どもを捉えてはいけないんだ。うちの子も言葉が出ないのは現実だけど、サイン言語のような他の手段を使って生きようとしている。だから『目が見えない』『耳が聞こえない』じゃなくて、子どもは懸命に何かになろうとしているわけだから、それをこっちは一緒に考えていかないと。何に困っているのかなと考えると、ちゃんと伝わる。人間だから。だから、困っている生徒と一緒に考えていくスタンスを常に持っていないといけない。これが、オレが考える支援教育の基本だ」

実体験から得た確信だった。「何に困っているのかな」という目線で子どもと接すれば、子どもが困っていることが見えてくる。それがその子の「教育的ニーズ」であり、それは一人一人違う。それぞれの課題に応じた働きかけをしていくことが、吉岡が提唱した「支援教育」という理念だった。

集団が苦手だったり、対人関係が取りにくかったり、学校に行けなくなったりなど、自分の力で解決できない困難な課題を抱えた子どもたちを、障害のあるなしにかかわらず、支援教育の対象として優先的に位置付ける。そして本人とじっくり話したり、親を入れた三者面談を行ったり、医療や福祉など関係機関につなげたりするなど、さまざまな働きかけをして解決へと導いていく――それが最終的にA県が表明した「支援教育」の中身だった。

吉岡が中心となって、支援教育の実践を担う核となる教員を育てる、「教育相談コーディネーター養成講座」も開始された。このような流れを経てA県教委は障害の有無にかかわらず、子ども一人一人の教育的ニーズに応じた適切な「支援教育」を推進していくことを公に掲げたのだ。

こうした理念と流れの中で模索されたのが、槙尾高が指定されることになる、「新たな仕組みの高校」だった。「持てる力を十分に発揮できない生徒」は、それだけで「教育的ニーズ」＝「困っていること」を抱えた存在である。そんな生徒たちが自信や目的意識を持ち、有意義な高校生活を送れるような、新しい学校を作るというプランだった。

「課題集中校」と呼ばれる学校を改革するという流れは、勉強がわからず、未来への意欲も持てない生徒をそのまま社会に送り出すことの弊害が、近年目に見えて明らかになってきたことと無縁ではないだろう。男子はフリーター、女子はフリーターか風俗、もしくは若年出産という、底辺校の卒業生・中退者たちの一定の姿があった。お釣りの計算もできず、領収書の宛名も書けない子たちが正規の職業に就くのは難しい。不安定な非正規労働の末に行き着くのは、生活保護という未来かもしれない。

そのようなリスクを抱えた高校生たちに対し、新たな仕組みの高校を作ることで、彼らが授業内容もある程度わかるようになり、主体的に行事や部活に取り組む中で自信や経験を身につけ、自分の未来を自分で考えることができるようになってから社会に出したい。そのためには、一人一人の生徒を「支援」していくことが可能な学校にする必要があった。「わかる授業」のための少人数学級、入試（学力考査）によって生徒を選ばない、キャリア教育推進のための実体験からの学び、地域の力の活用など、新しい学校の指針も漠然としたものではあったが、いくつか挙がっていた。

支援教育の理念に基づいた新しい学校——その一連の流れに積極的に関わってきた吉岡だったが、まさか自分自身に、その学校の校長というお鉢が回ってくるとは思いもしなかった。

「『誰がやんだろね？』って静観してたら、まさか、『え？　オレ？　オレに？』って。何かの冗談かと思ったよ。正直、一瞬、戸惑った。だけど、支援教育の実践に定年前の数年間を傾けられるんだ。これも何かの運命なのだろうと受け入れた。いや、言うだけじゃなくて、(自分で)やれよって、これは自分に課せられた使命なんだろうって思ったな」

県教委は「25分授業」「小集団学習」などは提示していたが、具体的な展開は今後の課題としていた。だから槙尾に行けば、教職員たちと一緒に支援教育の中身を一から作っていくことになるわけだ。ただ、吉岡にしてみれば、「小集団学習」は大歓迎だが「25分授業」には首を傾げざるをえなかった。コマ切れの授業を積み上げても学習効果が上がるわけがない。現場を知らない役人の発想としか思えず、受けいれるつもりはなかった。

とにかく、カギとなるのは「対話」だ。生徒との対話を起点とし、教職員との対話の中でいろいろ構想しながら新しい学校の形を作っていくしかないだろう。

知らず知らずのうちに、内から湧き上がってくる高揚感が吉岡にはあった。

3

「やっと古巣に戻ってきた」

この年に教頭として赴任した原田憲介は、感慨深い思いで槙尾高の門をくぐった。格別な愛着を持つ高校に、管理職として戻ることができるとは思いもしなかった。

以前、槙尾に赴任した時はまだ35歳だった。中堅というより若手と言っていい年代だ。

それから12年間、槙尾に在籍した。12年とは、A県下で一人の教職員が同じ高校にいることができる最大期間である。

その後、A県教職員組合から声がかかって専従職員となり、原田は一度、現場を離れた。

A県教職員組合は、日本教職員組合（日教組）に加盟する組織の一つだ。周知のとおり、日教組は47都道府県すべてに加盟組織を持つ、日本最大の教職員組合の連合体である。

学校の教職員による労働組合である日教組は、労働条件闘争以外にもたとえば、文科省が出してくる教育政策を分析し、子どものためにならないと判断すれば文科省＝国とも対立する。第一次安倍晋三内閣が２００６年に、国を愛する心や日本の伝統尊重を盛り込んだ「教育基本法」改正を行った際にも反対に回っている。一方、ゆとり教育は推進していく立場を貫いている。

その組合の専従職員ともなれば、文字どおり、土日も勤務時間もないような仕事だった。深夜零時からの会議も珍しくはなく、組合同士の交流で全国各地へも飛んだ。おかげで他県の状況や、教育の枠組みや仕組み、政策がどのように作られるのかなど、改めて勉強する機会を得た。

交渉相手は、教育行政機関である教育委員会。文科省の方針を忠実に担う教育委員会と、現場の教員によるボトムアップの教育を築こうとする組合とは水と油の存在だ。時に

「敵対的交渉」と呼ばれるほど、侃々諤々《かんかんがくがく》、相容れないものとなる例も全国に見られた。最近では、愛国重視の道徳教科書を採択した教育委員会に対して、各地の教職員組合が反対を表明するというニュースをしばしば耳にする。

原田は、教育委員会との「切った張った」の交渉を先頭で担った。たとえば、文科省が提案してくる教員研修プログラムを「そのままやれ」という教育委員会に対し、現場の判断でその内容ではうまくいかない、「変えてほしい」と交渉を行うわけだ。時に教育長とサシで交渉することもあれば、親睦のために彼らと一緒に飲むこともあった。

何がよかったかといえば、A県の教育行政を「裏から」見ることができたことだ。6年もやっていれば、教育委員会の仕組みも丸見えでわかる。

だが、もうそろそろいいだろう。このまま残れば「委員長」になる。そうすれば賃金闘争の矢面《やおもて》に立たないといけない。はっきり言って賃金闘争には興味はない。興味のないことはしたくない。

そろそろ現場に戻りたいと異動希望を出し、定時制高校の勤務に就いた矢先、槙尾高が「支援教育を実現する高校」になることが決まり、教頭として原田に白羽の矢が立った。

「当時、県教委は組合出身者を管理職にすることはあまりなかったのに……なんでかね？」

教育委員会にしてみれば、組合は厄介な目の上のコブだ。その幹部を、管理職に就けるのは異例のことだった。

「まあ、いいんじゃない？」と、原田はお茶目に笑う。上背のあるがっしりとした体格、分厚い胸板、骨太でエラの張った、これぞ九州男児という濃い顔立ちは、校長の吉岡と見事なまでに対照的だ。吉岡の理知的な学究肌の痩軀と、見るからに体育会系といったどっしりとした原田。容貌もどこか神経質そうな印象を与える吉岡に対し、原田はおおらかで細かいことは気にしないといった雰囲気を醸す。

その原田が目をくりくりと動かし、ユーモラスに笑う。

「県教委は、生徒を支援するという新しいタイプの学校を打ち出した。その点は評価するけど、具体的なソフト面でのアイデアはほとんどなかった。彼らが枠を設けたのは2つだけ。入試の学力考査はしない、そして、通常は40人のところを、特別に30人でクラスを編成していい、の2つ。これまでの6クラスが8クラスになる。少人数クラスになった分だけ、教員は加配するという。教員を増やしてくれるのは何よりありがたいし、それ以外はわれわれ現場に丸投げ、何をやってもいい。うれしかったねー。これでようやく、前から僕が模索してきた、『子どもの受け皿としての学校作り』ができるのだから」

「子どもの受け皿としての学校作り」「居場所としての学校」、それは原田がかつて槙尾高に着任していた90年代に、仲間の教師とともに模索していた、底辺校＝課題集中校の「あるべき姿」だった。

原田の出身地は九州・諫早《いさはや》。自ら開墾した土地で細々と農業を営む両親の第一子として生まれた。6人きょうだいの長男は重要な家庭の労働力であり、日常的に井戸の水汲みに農作業の補助、簡単な調理を任された。泣きたかったのは、農繁期には学校を休んでまで農作業をしなければならなかったことだ。いくら頼んでも学校に行かせてはもらえなかった。ここにいたらオレの人生はないと、中学卒業と同時に故郷を出て兵庫県の工場に就職、住み込みで働きながら、夜は定時制高校に通った。小説に夢中になり、大江健三郎、安部公房、高橋和巳と日本文学にのめり込んだ。**オレはこのまま機械油にまみれて一生を終えるのか。ここにも、オレの人生はない。大学に行こう。**定時制高校卒業と同時に工場を辞め、叔父を頼って身一つで上京した。

1年を新聞奨学生として働きながら受験勉強をするつもりが、すっかり遊んで棒に振る。これではいかんと単身アパートに移り、アルバイトで生活費を工面して爪に火を灯すような生活の中、合格したのが早稲田大学教育学部だった。同級生より、3年遅れての入学となった。卒業後はマスコミ志望だったが叶わず、なりたくもなかった教員になった。

まあ、こんな教員がいてもいいんじゃないの？　自分の経験が生かせるなら、あながち

教員も悪くないさ。何より、生活の基盤を作らないといけないと、大した気概もなくA県の教員になった。

教員人生のスタートは、工業高校から。そのガタイからかキャラクターからか、ラグビー経験はないが、もともと大好きだったこともあり、強豪ラグビー部の顧問に抜擢され、正月は毎年、花園で迎えるという生活を9年送った。しかし一人で子育てを担う妻が忍耐の「臨界点」を迎え、このままでは家庭崩壊だと転任を希望。学区内の普通科高校で偏差値が最も低い槙尾高に赴任した。

槙尾高では、生徒の様子に愕然とした。もっとも不愉快だったのは、6月の体育祭だった。運動着に着替えていない生徒が何人もグラウンドをうろうろしている。なのに、教師が何一つ指導できない。**何なんだ、これは。吐き気がする。工業高校にも大変な生徒はいたが、規律は取れていた。ここは一体、どうなっているんだ?**

着任と同時に原田は、「生徒指導」のポジションについた。「生徒指導」とは学習指導とは異なり、人としての成長を支援するもので、学校という集団を維持する上での大黒柱とも言える役割だ。

とりわけ、槙尾のように問題が頻発する学校では、生徒指導主任は「刑事部長」のような役割を担うこととなり、問題行動を起こした生徒への指導に大半を割くこととなる。

「悪いものは、悪い」と生徒に教え、理解させることが指導の要だ。

こうして槙尾にいた12年間、原田は生徒指導一筋に生きることになる。最後の4年間は生徒指導主任という責任者も経験した。

長年かかわってきたからこそ、原田には生徒指導の「肝」がわかる。

生徒の心をつかむことだ。これに尽きる。問題行動を起こす生徒は大抵、これまでの不遇な経験で、大人への反発や根強い不信感を持っている。だから、教師に対して攻撃的になるのだ。そうじゃない、大人を信用していいんだ、おまえのことを真剣に考えているんだと正面から向き合うことで、頑《かたく》なに凝り固まっている心が少しずつほぐれていく。そうやって心をつかみさえすれば、どんな子でも真っ当な世界に戻ってくる。だって、子どもはみんな、自分を大事に思ってくれる大人に、心をつかまれたがっているのだから。

槙尾だけではない。1990年代当時、学区内の課題集中校はどこもしっちゃかめっちゃか。中退者はバンバン出るわ、教員は殴られるわ、シンナーの問題もあるわ……。これをどう立て直すのか。

底辺校にしか入れなかった劣等感や絶望感、人生の敗残者ではないかという不安から、生徒たちは「どうせ、何をやってもダメだ」と諦めている。学校への嫌悪、授業からの逃避、学校秩序への反抗。ひたすら遊ぶという刹那的な状態も、「こんな人生なんか嫌だ」という生徒たちなりの抗議なのではないか。生徒指導を重ねるたびに痛感することだった。

原田は自身が槙尾という現場にいる強みを生かして、教職員組合の中に、「課題集中校の実態をどう変えていくか」を議論するグループを立ち上げた。横のつながりの中で考えていくのだ。

当時、一般に議論されていた「高校教育改革」と称する中身は、問題のある生徒を中退という形でどんどん学校から「排除」し、「お客さん＝生徒」を入れ替えて、「いい学校」に変えていくことだった。子どもたちの受け皿を作るよりも、学校の体面を保とうとする力学が働いていた。

原田は強烈な疑義を抱いた。組合でも槙尾高でも、原田はひたすら言い続けた。

「〝お客さん〟を入れ替えるなんておかしい。こういう子どもたちが生まれるのは、もう避けがたいんだよ。排除するんじゃなくて育成だよ。子どもたちは中学までで、めちゃくちゃ傷ついている。その子たちを問題児として、学校から退場させていくのは違うんじゃないの？　違う学校づくりがあるんじゃないの？　こういう子どもたちが集える、『居場所としての学校づくり』を追求しようよ。高校に、育成するという機能があってもいいんじゃない？」

「居場所」としての機能が高校に必要なのだと、原田は確信していた。学校は、生徒が一日の大半を過ごす場所だ。今の学校が生徒にとって居心地のいい空間になっているかといえば、その環境はあまりにも貧弱だ。

もはや、こういう子どもたちが出てくるのは時代の必然なのだ。この時点ですでに、明確な「学校間格差」が生じていた。原田は教職員組合の機関紙でこの問題を提起した際、ある調査を試みた。A県のある学区の、上位校2校と下位校2校との「授業料免除者数・滞納者数」を比較した。困窮家庭には、授業料が免除されるという制度があった。使用したデータは、91年のものだ。

上位校の免除者数は2校合わせて1人、滞納者数は49人、中途退学者数は6人。これに対して、下位校の免除者数は2校合わせて88人、滞納者数は507人、中途退学者数は174人。

「子ども格差」「子どもの貧困」などという言葉が世になかった時代にすでに、家庭の経済格差と子どもの学力格差は見事な相関関係にあった。格差社会について初めて論じた、山田昌弘の『希望格差社会』の出版は2004年だ。地元紙が県立高校全日制の調査で、「経済力が学力左右」と報じたのは2007年のことだった。

調査の結果は驚くべきものだったが、これでようやく気づくことができたと改めて原田は思った。

「明確に出ているじゃないか、高校における学校間格差の構造が。これって、まさに階層化されてしまった社会の縮図だよ。高校とは入試という、いわば公正な選抜を通して、格差が顕著に現れる最初の場所なんだ」

戦後、日本は民主主義社会になり、教育の機会均等を掲げた。本来なら誰でも平等に、社会的地位上昇のための競争に参加できるはずだった。

「この調査が物語るのは、高校は入試という競争を通じて、社会の階層構造を拡大再生産する方向に働いているという現実だ。調べてみなければわからなかった。なんという、巧妙な隠蔽だろう。この不平等な格差が、槙尾の生徒たちに諦めや絶望を強いてきたんだ。彼ら生徒は絶対に悪くない」

だからこそ、彼らにとっての居場所としての高校を作らないといけない。経済的に厳しい家庭だ。親に余裕がなく、家に居場所がないかもしれない。小中学校では粗暴だ、勉強ができないなど学校から疎外されてきた子どもたちだ。この子たちが抱えるさまざまな問題を、高校が日常的に支援できるようにしていかないといけないのではないか。高校こそ、そうした機能を担うべきなのではないか。「排除」ではなく、「支援」という機能を高校に持たせないといけないのだ。

そのために、われわれ教員はどうすればいいのか――悩みに悩んだ挙げ句、原田は生徒指導の大原則を捨てることにした。

生徒指導の大原則は、頭髪・服装から入ること。つまり、「見かけ」をまず攻める。化粧にピアス、髪を染めるなんてもってのほか。規則を厳しくして生徒をガシガシ締めて、従わない生徒には学校から出ていってもらう。そうすれば地域の評判がよくなって、中学での評価も高くなり、必然的に「いい子」が入ってくる。これが従来の生徒指導の王道だ。

だけど厳しい頭髪指導をして、生徒をガンガン締め付けて、一体、何が残る？　教員への警戒心と不信感を強めるだけだ。生徒は表面だけ従順になるかもしれないが、もう、教員には心を開かない。殻にこもるだけだ。家に居場所がなくて、小中でも疎外されてきた子を、高校で厳しい頭髪指導をして、最終的に学校という場所から追い出すって？　じゃあ、彼らはどうなるの？

彼らは何も持っていないんだよ。身一つで裸のまま、社会に放り出して、それでわれわれ教員はお役目を果たしましたって？　その子は生まれてきてよかったとか、オレの人生もなかなかだなーって一度も思えないまま、一生を終えるかもしれないんだよ。それを、われわれ教員はヨシとするの？　絶対に違うだろう！

もちろん、何でもアリにすれば、学校が崩壊する。規制も一定程度働かせながら、生徒の「居場所」としての機能も担保するには、どうすればいいのか。

学校を改革しようと、槙尾の教員たちは何度も議論を重ねた。原田が問いかける。

「槙尾のように家庭環境が大変な子たち、問題行動ばっかり起こす子たちが、大人に対して攻撃的ではなく、フランクに胸襟を開く世界はどうやって作れるの?」

行きついたのは、「教員が我慢する」ということだった。他の教員を原田が説得した。

「ねえ、やめない? 頭髪指導」

「えー、それはあまりに無謀じゃないですか」

「そんなことすれば、うちはめちゃくちゃになりますよ。学校自体が崩壊してしまう」

「あいつらが、つけあがるだけだよ」

「ますます、槙尾の評判が悪くなる。もう、どうしようもないほどにね」

「わかるよ、われわれ教員というのは、どうしても、見かけを攻めたい。だけどさ、われわれの側も我慢してあの子たちを受け入れないと、あの子たちは心を開かないよ」

「確かに。心を開いてくれないと、困っていることを話してくれないですよね」

少し、風向きが変わってきたところで原田は一気に攻める。

「そう、子どもたちの困難が可視化されないと、そもそも、何も始まらない。それには、教員も弱みを見せないとダメなんじゃないの？　そうじゃないと、子どもは、僕らに弱みを見せないよ。そのためには、われわれも武装解除をしないと。子どもたちのために」

そこで槙尾高では、制服についてはきちんと着ることを求めるが、頭髪や化粧については規則を設けないということを決めた。教員側の大胆な「武装解除」だった。

ただし同じ公立でも進学校ならば、私服で頭髪指導がない学校もある。それもまた、原田には許せない。

同じ教員が進学校では生徒を自由にさせて、課題集中校では掌を返す。勉強ができないということだけで、がんじがらめの学校生活を送らせるのか。教員はその矛盾を誰も疑わない。学校の秩序が維持されるなら許容するけど、底辺校にはろくでもないやつが来るから、ガシガシ締めるという力学だ。

同じ生徒なんだ！　いや、進学校という恵まれた環境にいる子より、困難な環境にいる子たちにこそ、教員はどうすれば胸襟を開いてくれるのかを考えないといけないわけだ。

「武装解除」は、前に進むための大胆な一歩だった。

これだ、これしかない。子どもたちが自分の苦しさを吐露できるような雰囲気を作るには、見かけから攻めちゃいけないんだ。がんじがらめの生徒指導で締め上げたら本当の支援は機能しない。

「普通の」高校生とは違う、槙尾ならではの「異装」は90年代半ば、原田を中心とした現場の教師たちの大胆な一歩から始まった。

4

入学式前日に行われる「着任式」で吉岡博史は校長として、在校生と初めて顔を合わせた。生徒だけではない。教員たちとも初顔合わせだ。横に教頭の原田憲介もいるが、吉岡にとっては「そういえば、組合にあんなやつ、いたなぁ」といった程度の認識だった。

壇上に立った教員の前に広がる光景は、決して整列して壇上を見上げる生徒たちの姿ではない。体育館の床には、生徒たちのいくつもの輪ができている。車座になった女子生徒のグループがお菓子を食べたり、携帯をいじったりしながらおしゃべりをしている。体育館の隅で繰り広げられるのは、男子たちのプロレスごっこ。「式」というものが行われている最中なのだが、生徒たちは思い思いに過ごしていた。これが槙尾のありのままの姿なのだと、吉岡はそのまま受けとめた。6年ぶりに戻ってきたが、原田にしてみれば、やっぱりこれが槙尾だった。

転任してきた教員たちは一様に目を瞠《みは》っていたが、その中でもとびきり度肝を抜かれていたのが、初めて教員となった、新採用の三浦太一（当時25歳）だ。

なんだよ、これ。今、式、やってんだぜ。こんなの、アリかよ？　いいのか、これ？　今、オレ、夢見てんのかよ。現実じゃねえよ、こんなの。

生まれは槙尾高の周囲に広がる高級住宅街「篠立沢」。幼稚園から高校までを、毎朝バスターミナルで槙尾高生と対照的な列を作る私立の名門進学校という、槙尾高生と対極にある環境で育った。その後、筑波大学へ進学、生物学を専攻するも、大学院の修士課程修了後に高校教員となったのは、塾でのバイト経験から、研究者になるより教師の方が自分らしく生きられると思ったからだ。

それにしてもまさか、自分の教員人生のスタートとなる高校が、実家近くの「あの」槙尾だとは。これは、何かのイタズラなのか。

勤務地が槙尾だとわかった瞬間、高校時代の屈辱的な記憶がすぐによみがえった。**女の子と歩いていただけなのに、槙尾の不良たちに絡まれたんだよ。ひゅーっ、ひゅーっとか、からかわれて。ものすごく嫌だった。別に、その子と付き合っていたわけでもないのに。ああ、腹立つ。最悪の経験だった。その槙尾にオレが行く。これも運命なのか。**

三浦には着任式で自分が何を話したのか、その記憶がない。

「驚きしかなかった。マイクをもって新任の挨拶をしたが、誰が聞いていたか」

目力のあるくっきりとした顔立ちのイケメン、どちらかといえば〝熱血教師〟タイプの青年は、呆然と立ち尽くすしかなかった。

それなのに、校長の吉岡は至ってマイペースだ。着任式が終わるや、生徒たちに近づいていく。これも一つの戦略だった。周囲を見渡して選んだのは一見、もっとも「凶悪そう」に見えるグループだ。だらっと近づきながら、いつのまにか輪の中に入っている。この「だらっ」と近づくのが、吉岡の得意技だ。男子生徒が目の前にいる吉岡にはっと気づく。

「誰だよ、てめえ？」

「今度、新しく来た校長。よろしく」

生徒はいきなり真顔になり、吉岡を見る。

「なんで、こんなとこ、来ちゃったんだよ」

隣の男子生徒が合いの手を入れる。

「バーカ、左遷に決まってんだろぉ」

別の生徒が話に乗ってくる。

「先生、何か、悪いこと、したんすか？」

吉岡は面白くてしょうがない。

「こいつら、マジでオレに同情してくれている。自分たちが『こんなとこにいる』と思っているわけだ。だけど左遷って言ってるくせに、ちっともオレのことを蔑《さげす》んでいないんだよなー。こういう本音が聞けるのも、だらっと生徒の中に入っていくからだ。上からじゃない、水平方向から接近するのがオレのやり方だから」

着任式の翌日が入学式だ。ハレの入学式当日に、校長として初めての「生徒指導」案件が入った。ピカピカの新入生がいきなりタバコを吸ったのだ。

吉岡はこれが槙尾かと、改めて思う。**まさか、入学式初日から仕事が入るとはね。キレイごとじゃない、一筋縄ではいかない現実がまあ、現にあるわけだ。**

この指導案件を校長室に持ってきたのが、生徒指導主任の渡辺靖だ。高校生の娘の猛反対にもかかわらず、槙尾で生徒指導のリーダーに就いて1年が経っていた。相変わらず、昼食のカップラーメンに湯を入れるタイミングが最大の問題である日々に変わりはない。

実は渡辺と吉岡は以前、中堅校で、同じ社会科教師として同僚だった時期がある。当時から渡辺は吉岡のことを「貧乏神」と呼んでいた。風貌から、その言葉が自然と浮かぶのだという。

一方の吉岡は、槙尾の生徒指導主任が渡辺だと知った時、軽い驚きがあった。

あれ、渡辺さん、槙尾にいたんだ。それにしても前は生徒指導というイメージはなかったけど、まさか、槙尾で生徒指導のリーダーをやっているとは……。実に意外だなー。

再会の挨拶を交わした後、渡辺は生徒指導部の方針を吉岡に伝えた。

「校長、今回はタバコですから、今までどおりの指導でいきますね。謹慎3日でいいですね」

「そうだね。それしかないね」


その後、吉岡が職員室にやってきて、この件の報告も含めた職員会議が行われた。会議が終了し、教員たちが立ち上がろうとした時、吉岡はなぜか、それを遮った。自分でも意外な行動だった。

「ちょっといいですか」

訝《いぶか》しげに教員たちが動きを止める。

「いやー、噂には聞いていたけど、結構、大変ですねー」

教員たちがそれぞれうなずき、安堵のような笑いが職員室に広がっていく。

「確かに」

「まあ、そうなんですよ」

吉岡はさらっと言う。

「いやー、これじゃあ、先生たち、大変だったでしょう。でもまあ、しょうがないから、一緒にがんばりましょう」

教員たちの間に笑いが広がった。

　このなんとも言えない空気こそ、吉岡が鮮明に記憶する開幕戦の手応えだ。あの時、「先生たち、ちゃんとやらないとダメですよ」とか、「タバコは最初が肝心ですから、きちんとやってください」などというニュアンスの発言をしたら、その瞬間、縦の関係ができあがったはずだ。「大変なところに来てしまったなぁ」ってこぼすことで、この校長は一緒に考えてくれる人なんだと教職員が思ってくれた。

　ただし、大変なところに来たとは言ったが、内心では吉岡はそこまで深刻には考えていなかった。

「大変って言ったけど、そうでもない。なんか、できそうだな。この職員の集団なら」

　そんな吉岡の様子を、職員室の一角で渡辺はニヤニヤ笑いながら見ていた。こんな言葉かけや教員たちを思いやるさり気ないふるまいが、妙にうれしかった。

「ああ、吉岡さん、変わってないなー」

5

　数学教師、岡田玲子（当時49歳）の槙尾高生活は、「涙」から始まった。

　それは、入学式の翌日に行われた、「離任式」でのことだった。槙尾から別の学校へ異動になった教員が生徒に挨拶をする式の前に、職員室を訪ね、それぞれが思いを語った。

当時の槙尾は教師の3分の1が毎年、入れ替わっていた。これほどまでの異動の多さが槙尾では常態化していた。20人ほどの教員が、絞り出すような声で話し出す。

「やっと年季があけました」

「ほんとうにここはひどいところでしたけど、やっと出て行くことができました」

「いやー、大変な生徒たちばかりでしたから」

「とんでもない生徒たちだから」

聞き手の教員たちは「そうそう」とうなずき、職員室に共感の笑いが広がっていく。

赴任したばかりの岡田は、呆然と立ち尽くす。**口々に出てくるのは、生徒の悪口ばかり。なんで、この人たち、生徒を否定することばかり言って笑い合っているの？　大変な学校の場合、やっと出て行けるという思いはあるとは思う。でもなぜ、こんなに生徒を悪く言うの？**

岡田は思わず、吉岡の顔を見た。岡田の視線に気づいた吉岡が軽くうなずいた。

実は、槙尾に赴任するにあたって、吉岡が声をかけた一人がこの岡田だった。

それまで岡田は、吉岡と同じ教育委員会で働いていた。県教委が運営する、学校教育充実のためにさまざまな事業を行う施設の「教育相談部」に配属されていた。「研修」「調査研究」とともに、事業の三本柱とされた部署だ。

ここで岡田は、吉岡が立ち上げた「教育相談コーディネーター」の養成に、吉岡の指揮下であたっていた。「教育相談コーディネーター」はA県が支援教育を実現するにあたり、中心となる人材として構想されたものだ。県教委が定める「養成講座」を受講した教員が、その任務を担うことができるのだが、岡田はこの1期目の養成講座を受けた教員だった。

一般に「教育相談」とは、教員が生徒の相談に乗って解決に導く行為を指す。先生が相談に乗るごく普通の行為に、こんな教育界独特の用語があるとは、親も当の子どもも知らないまま学業期を終えるわけだが、A県はさらに「コーディネーター」という役割を創設した。

それはA県の「支援教育」が、従来の教育相談のように、生徒と教員（主に担任）の一対一の関係で問題を解決していくものではなく、「組織として」動いていくものを想定していたからだ。子どもたちの抱える困難が厳しければ厳しいほど、担任だけでは解決は難しい。だから担任はもちろん、学年主任はじめ関係する教員、養護教諭、生徒指導主任、管理職など多くの教員が連携して、総体で問題にあたることが必要になってくる。学内だけでなく児童相談所、医療や福祉など外部機関との連携も必要とされてくるだろう。そのような連携＝ネットワークを作るためには、どうしても専門的な知識を有した、「核」となる人材が必要だ。それが、「教育相談コーディネーター」だ。

槙尾で支援教育を展開するために、この領域に精通した教員がいた方がいいだろうと、吉岡は岡田に一緒に槙尾に行かないかと声をかけたのだった。

吉岡にとっても初めて経験する槙尾の離任式は、非常に印象に残るものだった。短期間で異動する教職員のあまりの多さに、その疲弊ぶりが如実に表れていた。だから岡田の視線を感じた時、吉岡は思わずうなずいた。こういう発言が出るのは、これまでの体制がうまく行っていないからだ。これからは離任式で違う挨拶が出る学校づくりをしないといけないと気を引き締めた。

岡田にとってそれは、自分も同じ思いだという吉岡のアイコンタクトに思えた。うれしかった。

だけどこんなに次から次へと、生徒の悪口と、やっと出て行けるという話が出てくるって、まるで刑務所の年季があけるみたい。でも、ここは高校でしょ？　生徒はまだ、子どもでしょう？　ダメ、涙が出そう。聞いているのがつらすぎて。

感極まるとすぐに泣いてしまう。教師になったばかりの頃、仕事でつらいことがあるとすぐに泣いていた。そんな岡田に、ある男性教師はきっぱりと諭した。

「キミが泣くと、誰も何も言えなくなる。キミがこの世界で本当に仕事をしていこうと思うなら、キミは泣いてはいけない」

小柄な身体に大きな瞳、声量感のある声があたたかい。スマートなカジュアルコーデを洒落た具合に着こなしている。

そんな岡田は東京・世田谷区生まれ。幼い頃から歌うことが大好きで、声楽という選択肢も真剣に考えた少女時代だった。名門公立高校から、お茶の水女子大学数学科へストレートで合格。「勉強ができない」という経験もなければ、最初に赴任した高校で「就職する生徒」にびっくりしたほど、高卒で働く子がいることも知らないような環境で育った。会社員の父と専業主婦の母の間に生まれた一人娘。自慢の父はどんな時でも冷静で、大きな声を上げられたことは一度もない。

教育実習で出会った子どもたちがかわいらしく、自分になついてくれたことがうれしくて、どうしても教員になりたくなった。私立の教員志望だったが、大学に名門・桜蔭学園の募集が来た時にたまたま学校を休んでおり、他の人に回されてしまった。ショックで相当落ち込んだが、仕方がないと県立高校の教員となった。A県を選んだのは、実家がA県へ引っ越したからだった。

もし桜蔭の先生になっていたら、まったく違う教師になっていたはずだ。今頃、今年は東大に何人入れるかと、生徒のお尻を叩いていただろう。百八十度違う人生だ。少なくとも、弱い者に目を向けることはなかっただろう。だからこそ——行かなくてよかったと心から思う。

「泣いてはいけない」という、その男性教師の言葉に、岡田は自分が、〝甘ちゃん〟教師だったと思い知る。

ああ、私は知らず知らずに、女の武器を使っていた。もう、職場で泣くことはやめよう。悲しくても悔しくても絶対に泣かない。

なのに、目の前で繰り広げられている光景に涙腺が崩壊寸前の状態だった。生徒を貶《おとし》める言葉が発せられるたび、その言葉が岡田の胸にぐさりと突き刺さる。

しかし離任式の挨拶で笑っていた教員たちも実は、生徒たちを悪く言う言葉に深く傷ついていたことを後に知る。ある会議で、一人の女性教員がぽつりと言った。

「離任の挨拶を聞いた時には、すごく傷つきました」

あの時、教員たちは決して、生徒をとんでもない子たちだと思って笑っていたのではなかった。ただ、自分たちの無力感に苛《さいな》まれていたのだ。あれは自虐の笑いだったのだと、岡田はその言葉を聞いて少しだけ救われたような思いがした。

ただただ、呆気に取られていたのは新採用の三浦太一だ。

「おいおい、ここはどういうとこなんだよ。自分の生徒の悪口なんて、新採用で教員1年生のオレたちの前で言うことか？　一体、この先、どうなるんだよ」

6

高級スーパーの大型店が並んで建つ、高級住宅地を擁する篠立沢駅。その篠立沢駅近くに「昭和」、それもバブル以前の時代で止まったままの店がある。昼は定食屋、夜は居酒屋となる「まつざわ食堂」だ。年季の入った暖簾をくぐれば、左にカウンター、右に座敷が奥へと広がる。その一番手前、玄関寄りの小上がりが、ほどなく二人の指定席となった。

「校長、お住まいはどちらですか？」

ある日、教頭の原田が吉岡にふと尋ねたところ、偶然にも二人は同じ団地で、同じ区画に住んでいた。ならば大の大人が素面のまま、同じバスに揺られて仲良く帰るわけがない。吉岡はひたすらビール、原田はビールからすぐに芋焼酎のロックに切り替える。古き良き時代の定食屋そのもの、手書きで書かれた多彩なメニューがずらりと貼り出されている。

最初は、お互い警戒しながらの飲みだった。以下は原田の感想である。

僕と吉岡さんは、見た目もタイプも全然違う。吉岡さんは秀才で切れ者。英語、ロシア

語と語学が堪能なインテリ。それに何と言ってもA県の支援教育を作った人だ。それに比べれば、僕は体育会系。だから絶対合うはずがない。そもそもあちらは教育委員会で、こっちは教職員組合だよ。

しかし、実際に一杯飲んでみないとわからないこともある。

「校長、槙尾の印象はいかがですか?」

「初日から生徒指導の仕事が入ったからね。でも、あの教員の集団なら、何かできそうな気がするよ。生徒指導の案件を持ってきた先生に、『その子はどんな子なの?』と聞くと、どの先生もその生徒の背景とか、ちゃんとわかっているんだよねー」

「高圧的に(生徒に)接するんではなく、(生徒の)話を聞いていこうっていうのが、槙尾の文化なんです。僕は高校こそ、子どもたちの〝居場所〟にならないといけないと思ってやってきたんです」

「それって、まさに〝支援〟するってことだよね? オレがこれから槙尾でやろうとしてる」

原田は思った。**え? 真逆のタイプだと思ったのに、考えていることはもしかして一緒?**

一方の吉岡も不思議で仕方がない。**あれ、そういえば結構、オレ、疑い深いのに、原田さん、信用できないと思ったことは一度もない、それも最初から。**だから敢えて、カマをかけてみた。

「そもそもこっちはロシア史専門で、ロシア革命後にやった障害児教育が面白くて、心理学のヴィゴツキーを勉強したんだよ。だから中野重治が好きな原田さんと合うわけがないんだ」

ヴィゴツキーは吉岡の支援教育に影響を与えた、旧ソビエトの心理学者だ。かたや中野重治は小説や詩、評論をジャンルとするプロレタリア文学作家である。

「たしかに僕はなぜか1年間、中野重治ばっかり勉強してました。指導教授の専門は白樺派だったんですけどねぇ」

吉岡はふふんと茶化した後、いきなり真顔になる。

「だけど原田さん、生徒から人気あるよね。教頭の笑顔がいいとか、結構、言われてるよ」

二人は夜な夜な語り合った。原田が言う。

「槙尾に集まって来る子たちの大変さ・生活の困難さが容易に想像できるんですよ。これまでの高校がやってきた、『学習とキャリア教育』という普通の仕組みでは、もはや、社会に送り出せるわけがない。社会でまともに生きていけないですよ、彼らは。僕は、組合の専従だった6年間で教育委員会の実質を体感しているわけだから、文科省や教育委員会が指図するとおりの学校を作っていてはどうしようもないって、身をもってわかるんです。じゃあ、どうしていくか、ですが……」

支援教育しかない――吉岡の確信だ。それにはまず「対話」から出発する必要がある。

「うちに来るような子たちの場合は、家庭も疲れ切っている。親自身だって、子育てそのものをさんざん否定されてきたケースが多い」

「たしかに。学校に行けば問題児だと叩かれ、『家でちゃんとしてくださいよ』と言われ続け……」

「そうなんだよ、家庭はもう限界にきてるんだよ。家庭に何かを期待するのは無理なわけだから、学校なんだよ。つまり、学校自体が、どういうふうに子どもたちを支えて、将来につなげていくか。そのためには、一人一人の子どもが抱えている困難をまず、一つ一つ拾わないと。それには教師が生徒と横並びになって、対話していくことからしか始まらない」

「高校が子どもたちを支えていかないと、この子たち、社会に出ても行き場がないですよ。自立できるわけがない。家庭ももう、そういう子を抱えきれない」

「だからね、原田さん、必要なのは『生徒を支える学校』だよ。資源はたった二つ。現場にいる教職員と学校施設、それだけ。これをどう組み合わせて、支援の仕組みを作っていくのか」

コップのふちに口をつけ、吉岡がフッと笑う。

「原田さん、たとえば授業のうまい先生がいれば、学校が良くなるかと言えば、部分的にはそれもあるけどさ……でも……」

焼酎のロックをあおって、原田がうなずく。

「校長の言いたいこと、わかりますよ。でも、それだけじゃない、と」

「そうなんだよ！　もっと大事なのは、生徒のことをちゃんとわかって、胸を痛めてさ、心から『おまえも結構、大変だよなー』と言える先生が、どれだけいるかにかかってるんだよ」

「そうです、そういう、教員のマインドに尽きると僕は常々、思うんです。要はマインドだと」

何度かサシ飲みを重ねたあと、まつざわ食堂で吉岡は原田にある提案をした。２００８年のゴールデンウィーク前のことだった。

「原田さん、職員会議の変形バージョンで、全教員で『アイデア会議』みたいなものをやろうよ。定期的な職員会議の枠ではなくて、別枠で設定して。新しい学校をつくるにあたって、教員それぞれ、どんな思いがあるのか、引き出すためにさ」

原田は一瞬、鳩が豆鉄砲を食ったように目をぱちくりさせた。おいおい、そんな子どもじみた青臭い発想が、切れ者でならすこの校長から出てくるとは……。

「校長、大の大人が乗らないですよ。やめましょう」

こんなこと、教員に受け入れられるわけがない。面倒がられるか、胡散臭《うさんくさ》く思われるだけだ。

ノリが悪い原田を、吉岡は意外に思う。

原田さん、結構、用心深いんだな。どうやら、オレの方が物事の進め方に関しては荒っぽいようだ。

吉岡はすっかり、やる気になっていた。首を振る原田に対し、さらに続けた。

「もちろん、ただのガス抜きにする気はないんだよ。問いは2つだけにする。1つ目は『今、この学校にある資源は何か』として、槙尾高がこれまで達成している内容を聞く。2つ目は『その資源を使って、どういう学校づくりができるか』を問う。この2つの問いに対する答えを、教員それぞれに出してもらう。唯一のルールは『人の意見には絶対にケチをつけない』。これでどうかな?」

原田は頭《かぶり》を振る。

「そんなの、できるわけがないですよ」

時間の無駄だ。だって誰が、そんな余計なことをやりたがるだろう?

それでも吉岡には確信があった。年度始めの職員会議で学校づくりのアイデアを出してほしいと呼びかけたら、すぐに5〜6人の教員が個人提案を寄せてきたからだ。「労働法」をテキストにした水谷香織もその一人だ。彼女が提案したのは、「アルバイト経験から学ぶ講座」。そこには、こうあった。

〈経済状況からアルバイトをしている生徒は多い。彼らの現実に寄り添いつつ、彼らの経験から、知を生み出す作業を手伝うような講座〉

他の教員からもいろいろな意見が出された。

〈生徒に学校への愛着や求心力を持たせるために、魅力ある学校行事の創造が重要に思われる〉

〈「進路支援センター」的機能をもつセクションを創設する。在籍生徒だけでなく、中退者、卒業生、地域の若者も利用可能な、外部に開かれたものとする。自校の教職員だけでなく、職業カウンセラー、進路指導コーディネーターなど外部からの支援を受ける〉

生徒の現状を踏まえた具体的提案の数々は、それぞれの教員がどうしたら槙尾は良くなるか、生徒のためになるかを、現場の経験から考え続けていたことを示していた。

これこそ、資源だ。吉岡ははっきり思った。

「教員自身が子どもたちと年中接して、いろいろ考えているわけだから、それを核にして学校づくりをやっていこう」

学校づくりに関して、吉岡には「これが大事だ」と思うことがあった。まず、教員同士でお互いに支え合うような関係を築いていくこと。生徒を支援するには教員が一人で抱え込むのではなく、教職員の間で相互の支援が必要になってくる。そのためには、教員同士がざっくばらんに本音を話せるようにならないといけない。この会議がその機会になるのではないか。

そして何より重要なのは、教員の中に生徒を支援しようという動機があることだ。教員の動機と結びつかない改革なんて、不毛でしかない。この会議はそれぞれの教員が、自分の中にある「何とかしてあげたい」という思いを確認する作業になるのではないか——。

ふっとひらめいたアイデア会議だが、もしかしたらこれが学校改革の起点になるのではないかと、吉岡は確信した。

7

あくまで慎重な原田を説き伏せ、吉岡はアイデア会議を実施に移した。第1回のアイデア会議は、ゴールデンウィーク直後の5月7日。

全教員に集まってもらい、槙尾に来てからの年数が同じ教員同士5～6人でグループを作った。一緒に転任してきたので話しやすいこともあるが、槙尾での経験年数によってどんな提案が出てくるのか、その比較にも興味があった。1つのテーブルで額を突き合わせ、ああでもないこうでもないと話し合っていく。ルールは1つだけ、出されたアイデアに批判はしない。

生徒指導主任の渡辺靖は、驚きを隠さなかった。**なんだよ、これは。吉岡さんが来るまでは完全な上意下達で、現場の教員が管理職に何を言ったって届くわけがないという状態だった。オレもそうだが、大抵の教員たちは正直、腐りかけていたのに。**

「管理職がわざわざ、自分たちの言うことを聞いてくれるなんて、なんか、すげえなぁって思った。吉岡さんって、見てくれはショボくて、えらい貧相なオッサンにしか見えないんだけど、こんなことをやってくれるんだ！　ってね。とにかく、自分たちがやりたいことを表明できる場を作ってもらえたのが素直にうれしかったよね」

新採用の三浦太一も、湧き上がってくる高揚感を抑えることができなかった。

「いやー、めちゃめちゃ面白いじゃん！　言いたいことが言えるし、管理職がオープンにしてくれて、真正面から、オレたちのような新採用にも向き合ってくれるというのが、もう最高。こんな職場が現実にあるんだ！」

アイデア会議の前段として、まず槙尾高の現状を、県教委が示す項目ごとに分析する作業からスタートした。「教科に基づく学習活動」「進路について考える活動」「自分の生活について考える活動」「ルールについて考える活動」「体験に基づく活動」「生徒会活動・部活動」の6項目について、今の槙尾はどこまでできているか、実績をそれぞれ整理してもらう。これこそ、今まで槙尾が築き上げてきた学校としての財産であり、資源なのだ。

「教科に基づく学習活動」の領域では、「8学級30人の少人数による、きめ細かい指導の実践」と「数学、英語の2分割方式で個に応じた指導の展開」がすでに実施されていた。これらは原田がかつて槙尾に在籍していた90年代に立ち上げた、「学校改革委員会」による成果だった。同じく、「進路について考える活動」では「ワープロ検定など資格取得につながる授業の展開」、「自分の生活について考える活動」では「総合的な学習の時間でテーマを設定し、自己を振り返る授業を展開」「二者面談や三者面談を実施して、自分を振り返る系統的な機会の提供」、「体験に基づく活動」では「1年次に地域の企業の協力による職場体験の実施」「2年次でインターンシップの実施」など、各領域での「到達点」を、教員自身が改めて確認することとなった。

こうして資源分析を行った上で、今後、どうすればよくなるのか、「アイデア」を出してもらう。これが、吉岡が考えた「アイデア会議」だった。

生徒指導主任の渡辺が所属したグループから出されたアイデアは次のようなものだった。

〈9時始業（昼休み短縮）〉〈すべての授業を少人数に〉〈教員数を最低2倍に〉〈きれいなトイレに改装〉〈教室のドア取り替え（開け閉めがしやすいように）〉〈教員の在籍年数を長くする工夫、魅力ある職場に〉

労働法クイズを作った水谷香織が所属するグループからはこんな提案が出された。

〈授業3人制・公文のようなスモールステップ制〉〈アルバイトから学ぶことのできる自由選択制〉〈アルバイトから社会を考える（だまされない）〉〈大学生が部活や授業をサポート（教員志望者など）〉〈キャリアカウンセラー〉

体育教師の山本康平が所属するグループからは、こんなアイデアも出た。

〈体育コースを作る〉〈お昼寝タイムを作る〉〈部室の整備。部活の種類を増やす〉〈プールを作る〉〈グラウンドの芝生化。最低でも平らに〉

この4月に赴任した岡田玲子と新採用の三浦太一が所属するグループのアイデアがこれらだ。

〈朝読書の時間〉〈視覚的教材の活用〉〈作業所、養護学校、小学校、幼稚園・保育園などとのふれあい〉〈部活の結果を地域の人に知ってもらう〉〈朝食指導。場合によっては朝給食〉〈図書室に漫画〉

他のグループからも続々、アイデアが出された。

〈安くておいしい食事を食べさせてくれる食堂を作れないか（食生活の充実）〉〈ランチルーム、オープンルームを心の和むあたたかい部屋に作り替える〉〈進路指導を専門にする職員、キャリアカウンセラーをおく〉〈教員同士がチームになって生徒を支援できるような体制〉〈学費補助のための生徒へのアルバイト紹介、校内で何か稼ぐ手立てを〉〈カウンセラーの常駐〉〈槇尾奨学金制度設立！〉

……枚挙にいとまがないほど、多種多彩な提案が教員グループから出された。それはほぼすべて、生徒の現実から出発したものだった。

まさか、「大の大人」がこれほど乗ってくるとは。予想外の展開に原田は舌をまく。校長の先見の明もさすがだが、これほどまでに教員たちの中にアツい思いがあったとは……。

これだ、これこそ、槇尾の財産だ。

こうした多岐にわたる生のアイデアを、「到達点」を確認した6つの項目に分類分けをした表を作り、教員にフィードバックをした上で、2回目のアイデア会議を7月中旬に設定した。5月に出されたアイデアを実現するにはどのようなシステムがいいのかなど、より具体的なアイデアへと収斂していった。

管理職二人は、これらのアイデアが実現されていくプロセスを教員に周知させる必要があるということで、会議で出たアイデアを原田がカテゴリー別に整理し、「ニュース」として発行することにした。

第1号では2年生の8クラス展開や入試の原案、第2号では「槙尾にも〈職安〉を」の声を受けた「キャリアセンター構想」を特集。授業改革に関する研究報告など、出されたアイデアがどのように実現に向けて動いていくのか、逐一、報告を行った。

吉岡自身にも高揚感があった。いろいろ出たアイデアがこうして列挙され、しかも進捗状況まで、教頭自身がニュースにして出してくれる。**教員にしてみれば、管理職の本気度がわかるじゃないか。そうじゃないと、単なるガス抜き。「はい、わかりました。意見は聞きました。でも、実現は難しいですね」で終わっちゃったら、教員が意気消沈しちゃうよ。**

だから、アイデアを聞いて終わりというわけにはいかない。たとえば、「教員数を増やす」というアイデアが出たら、吉岡は教育委員会に対して「どれだけ多くの非常勤講師を槙尾に持ってこられるか」をかけあう。十分な人員がいなければ、いくらアイデアがあっても実現はおぼつかない。加配教員を獲得することもまた、管理職の重要な仕事だった。

この段になると吉岡は俄然、荒っぽくなったという。原田は十分、それを知っている。

「僕は吉岡さんほど、悪どくはやりませんでした。僕は品がいいからね（笑）」

当の吉岡は次のように回想する。

「（教育委員会との交渉は）まるで夜討ち朝駆けだよ。一回交渉して、帰ったふりして、10分後に戻ってくる。これが結構、大事。今までにない動きを作るためには、間隙を突かないといけない」

10分後に再訪した吉岡は担当者にすごむ。帰ったと安堵していた職員は、虚を突かれた格好だ。

「加配できない？　それじゃあ、学校説明会で保護者にそう説明していいんだな」

「まあ、吉岡先生、ちょっとそこまでは……」

「うちの教職員たちは、限界寸前までがんばっているんだ。今までの高校なら画一的に生徒に接すりゃあ事足りてたけど、うちは一人一人の状況に合わせた、個別の支援をしていかないといけないんだよ。通常の人数で足りるわけがないだろう」

槙尾高内ではいつしか、吉岡に「インテリヤクザ」という異名がついていた。

3
改革前夜

職員重視で学校をつくっていくという、その一点において管理職二人はブレることがなかった。

1

教頭の原田憲介は常々、思っていた。

「教員というのは言ってみれば金儲けという欲も、上昇志向という野心もなくて、ただ子どものために――っていう人種だ。だから上から『あれやれ、これやれ』って言われるようなやり方だと、強く反発する。だから学校っていうのは、ボトムアップで作っていかないとうまくいかない。結局、教員のマインドなんだよ。これに尽きるんだ。『こういう学校をつくろう』というマインドと意識が受け継がれていけば、公立高校の宿命、つまり異動によって人が代わっても、ある程度、つながっていく。まあ、それが一番、難しいのだけど」

まつざわ食堂の指定席で、二人のアツい夜は続いた。ビールをくいっとひっかけた吉岡が原田に話す。

「原田さん、この方向だよ。若いのもベテランも、わーっと言い合える環境なんだよ。特に槙尾のような学校では、教員が孤立しないような仕組みを作っていかないといけない」

吉岡は時間があれば、1階の校長室を出て2階にある職員室へ出向いた。職員室を徘徊《はいかい》し、ぐったりしている教員の横に「だらっ」と座る。

「どうしたの？　疲れてんじゃん」

「そんなこと、ないですよ。ただ、ちょっと困っていて……。荒れてて、やけにつっかかってくる女子生徒をどうしたもんかと……」

「何かあったのかね。先生、その子、話してくれそう？」

「頑《かたく》なところがあって、なかなか難しいんですが、でもじっくり話を聞こうと思ってます」

「そうだね。大変だったら、いつでもオレに話してよ」

教員とよく話したという自負はある。おそらく、オレと話をしなかった教員はいない。教員にも人付き合いの悪い人はいる。オレは、なるべくそういう人と最初に話すことにしている。うちの学校は「今日は平和だね」なんて日はないのだから、教員はいつも何かに悩んでいる。校長室のドアを開けて待っているより、出て行って話を聞いた方がはるかにいい。

管理職二人が意識したのは、「若手もベテランも遠慮なく言い合える環境」だ。だから、教員同士でよく飲んだ。体育祭、球技大会などの行事の後には必ず、教員の飲み会を設定した。いろいろな居酒屋も使うが、断然、まつざわ食堂が多かった。いつしか、まつざわ食堂には「槙尾ボトル」ができていた。芋焼酎の一升瓶で、槙尾の教職員ならいつでも誰でも飲んでいい。白マジックでナンバリングされ、10、20というきりのいい節目には、店から1本サービスされる。若手だけで飲みにきた場合、飲みきりはせず、数センチ残して店を出る。すると、次に来たベテランが新しいボトルを入れる——それが暗黙の了解事項となった。

体育教師の山本康平は、自分も50の大台に乗っている白髪頭だというのに、6つ年上の吉岡を「じじい」と呼んだ。それも、敬愛の念をたっぷり込めて。

「『じじい』は存在自体が面白いんだよなー。偉ぶることなく、いつも話を聞いてくれる。すごく褒めるということもないけれど、決して人をけなさない。オレはああいう管理職を見たことがない。吉岡・原田のあの二人、要はいつもお酒。あの頃の槙尾は、オレらの世代の下、つまり30代がすっぽりいなくて、20代の小僧、小娘たちが7～8人いた。それでもなぜか、ジェネレーションギャップはなく、オレらと若いのがよく飲んで、ああだね、こうだねと他愛もない話をしては、腹を抱えて笑ってた。まるで大学生のノリみたいに。そこにいつも、吉岡・原田が平気な顔をしている」

行事後の飲み会は、総勢45名ほどの大宴会となる。笑いや弾んだ声が飛び交い、よくしゃべり、よく笑う。若手が個性的で、元気がいい。そんな若手をベテランがからかい、目を細めて笑って見ている。わいわいがやがやと大所帯の家族のようだ。

原田はつくづく思った。

「昔はこういう雰囲気で、学校って回っていたんだよなー。学校の中でだって教員同士、飲んでいたもん。それがいい潤滑油になっていたのに。いつからか、学校の自治が奪われて、文科省からの管理や締め付けが厳しくなって、そういうのが一切、御法度《ごはっと》になった。そうしたら、学校はどんどん世知辛《せちがら》いものになっていった。みんなでこうして、わいわい飲む感覚は久しぶりだ。飲むたびに思ったね。50代の年寄りの、若手への眼差しがあたたかい。それで若手が元気。これは財産だよ」

2

アイデア会議から生まれたものの一つに、職員室前の廊下の窓際に設置された、長いカウンターテーブルがある。生徒が職員室まで来やすくなるよう、教員とちょっとした立ち話ができるような「止まり木」があればいいと出されたアイデアだった。おしゃれなカフェのようなカウンターには椅子が置かれ、生徒が気軽に教員に相談したり、話したり、ちょっとした勉強もできる場になった。

できたばかりの頃、たまたま通りかかった、ツッパリ系の男子生徒に吉岡は声をかけた。

「おい、これ、いいだろ」

男子生徒がニヤリとしながら応えた。

「シャレたもんを作りやがって」

吉岡も内心、ニヤリとする。

「おお、立派にお褒めにあずかったわけだ」

若手教員たちもまた、若手なりに、生徒たちのために何かできないかと模索していた。気になったのは、学校行事がまったく盛り上がっていないことだった。年間をとおして体育祭、球技大会、文化祭、駅伝などの行事があるのだが、参加率はよくても6割から7割。三浦太一たち若手教員は、ここを何とかしたかった。通常の高校なら、9割は参加する。

「生徒に、もっと学校を好きになってもらいたい。そのためにも、行事をガンガン盛り上げたいね」

若手教員グループでこう決めた。

「行事に参加しないと『損した』と、生徒に思わせるようにしようぜ」

いろいろ話し合って行き着いたのが、「槙尾ライダー」だ。

イメージしたのは、2000年にスタートした「仮面ライダークウガ」から始まる「平成ライダー」だ。複数のライダーが登場するし、女性のライダーもいる。これを真似て、学内イベントの際に生徒の前で「悪と闘う正義の味方」を演じようというのである。

早速、教頭の原田に申し出た。

「教頭先生、若手で何か、生徒が喜ぶことをやりたいんですよ。『槙尾ライダー』作っていいですか？」

原田は一も二もなく、即答だった。

「いいんじゃない？　あとで校長に言っとくよ」

ライダー5人と、そして悪役は仮面ライダーでおなじみのショッカー。衣装はほぼ、ドン・キホーテで揃えた自前だ。三浦はショッカーになった。

デビューは、6月に行われた体育祭。部活動リレーにいきなり乱入し、「なんだ、あれは！」と驚愕と爆笑の嵐の中、すべての部活チームを抜いて優勝をさらった。

実は「校長に言っておく」と言いながら、原田は吉岡に何も伝えていなかった。原田がお茶目に笑う。

「ここはまあ、別に伝えなくていいかなと」

当然ながら、吉岡はいきなりのライダー登場に、「えーっ？」と度肝を抜かれた。

「いやー、若手もやるね。結構、いいじゃん」

原田もまた、笑いが止まらなかった。まさか、ここまで作り込んでくるとは。

槙尾ライダーの次の舞台は、文化祭の後夜祭だ。今度は走って終わりではない。パフォーマンスで会場を釘付けにしないといけない。三浦たちは必死だった。

「文化祭の1週間前からメンバーは合宿状態。夜の8時から10時、11時まで体育館にカンヅメ。そりゃ生徒に見せるからには中途半端なものにしたくない。必死でしたよ、いいものにしようと」

体育館で行われる後夜祭は、槙尾高生だけのクローズの空間だ。舞台に槙尾ライダーが現れるや、またしても生徒たちのどよめきが起きた。

「まさか、先生たち、踊っちゃう？」

「だれー？」

「えー、こんなの、絶対にあり得ないよー！」

生徒たちは大いに盛り上がり、割れんばかりの拍手と笑い声、黄色い歓声に体育館が包まれた。他のどこにもいない、槙尾高だけのヒーロー。Jポップのヒットナンバーに乗せた、キレキレでコミカルなダンスが大ウケ、バク転や戦闘シーンのアクションに男子も「やばいよ、あれ！」と拍手喝采。5人のライダーとショッカーによるショーは、生徒のツボにストレートにはまった。

渡辺靖は生徒指導主任として、文化祭はいつも門番役を務めている。学校にいなければいけない時間であっても、門の外には次第に派手な身なりの友人たちが集まり、生徒をどんどん外に連れ出していくのが毎年の光景だったからだ。

「生徒指導をやっていて、これが一番、嫌な時間だった。ところが、槙尾ライダーの出現で誰も帰らなくなった。早退する子がいなくなった」

毎年、生徒たちはワクワクしながら、その年の槙尾ライダーを待つようになった。

「ねえ、今年は誰がセンターなの？」

そうした問いには一切答えないのも、初めからのお約束だ。

3

支援教育を展開するにあたり、吉岡が敢えて岡田玲子を、「教育相談コーディネーター」という役職に抜擢したことで、彼女は周囲の教員たちから浮いてしまう存在になった。

それまで生徒指導一本やりで生徒に対応してきた槙尾では、「教育相談」という文化がなかった。また、大変な高校だからこそ教職員の結束はそれなりに固く、新しく来た人間にはどこか余所余所《よそよそ》しいところもあった。

職員会議で岡田が発言しても、反感を買うばかり。

「これからは槙尾でも、教育相談に力を入れていければと思います。生徒の話をしっかり聞いて、問題行動の背景には何があるのか考えて、生徒とともに解決に導くという手法を取り入れていきたいです」

思ったことはつい、はっきり言ってしまう性格のため、風当たりはますます強くなる。

「担任を一度も持ったことがないのに、何、言ってんの？」

「槙尾で発言するには、まず3年間、担任を持ってからにしてもらえませんかね」

担任という仕事をやりきることで初めて一人前という考え方が、組織文化として槙尾には定着していた。逆に言うならそのように考えないと、とても担任という激務をこなしていけなかった。だから当時の槙尾では岡田に限らず、担任を経験していない教員の意見は簡単には通らないことが多かった。

そもそも「教育相談」という考え方自体が、長年、槙尾で苦労している教員には受け入れがたいものだった。

「いいですか。こういう高校だからこそ、生徒指導でピシッと締めるべきなんです。教育相談なんて生ぬるい。やっても意味がないよ」

教育相談は問題行動を起こす生徒とよく話をして事情を聞き、個々の背景や状況を見据え、「支援」することで解決に導くという流れだ。それゆえによく、教育相談は生徒指導と対極にあるものと捉えられた。規則違反や問題行動などに謹慎や停学などの罰を科して反省を促す生徒指導に対し、じっくり話を聞いていくというスタンスの教育相談は、生徒指導から見ればある意味、「軟弱だ」ということになる。

生徒指導が中心で、教育相談体制はゼロだった槙尾に、吉岡はいきなり「教育相談コーディネーター」という役職を作り、しかも新任の岡田にすべてを任せたものだから、これまでいた教員の間に戸惑いや反感が広がったことは確かだった。

「教育相談コーディネーター」は、生徒の問題を関係教員たちと連携して解決に導く、その体制を作るための人材である。

そもそも岡田玲子が「教育相談コーディネーター」を養成する講座にいち早く参加したのは、30代後半の2年間、学校現場を離れ、有給のまま大学院に通うことができる県の制度を使って、心理学を一から学んだからだった。ここで岡田は教育相談の意義を強く意識することになった。

数学が専門の岡田が、畑違いの心理学を専攻したのは、自分の中に生徒の気持ちをきちんと知りたい、理解したいという強い思いが芽生えたからだった。

きっかけは、男子生徒の相談だ。

中堅校に勤務していた時、ある生徒が友人の男子生徒を連れて職員室にやってきた。

「先生、こいつの話、聞いてやって」

遠足直前のことだった。男子生徒は打ちひしがれていた。

「先生、うち、両親が離婚するんだ。だから、お金がないから、オレ、遠足、行けないから」

結局、母親が何とか金を工面して遠足に行くことはできたが、岡田は「はっ」と思った。

ああ、この子は両親の離婚でこんなにまで追いつめられている。そんなこと、本人に告白されるまで、ちっとも私にはわからなかった。生徒がこんなに押しつぶされそうになってしまうなんて……。私は生徒の気持ちがわかる教員になりたい。

専門外の領域で大学院を受験するという、「人生であんなに勉強したことはない」ほどの猛勉強を経て、岡田は大学院で心理学を一から学んだ。おかげで、教師として新たな視点を身につけることができたと思っている。

槙尾に赴任してすぐに、岡田は気になる子がかなりいることに気がついた。いや、気になる子ばかりと言ってもよかった。

ああ、あの子もそうだ。ものすごく落ち着きがない子、人との距離の取り方が危うい子、妙に馴れ馴れしい子、愛情に飢えている子、保護者の愛情が乏しいって思える子、発達障害だって思う子も何人もいる。

しかし、その気になる子たちが、何か特別に配慮されていたわけではなかった。

子どもそれぞれの背景からアプローチする素地が槙尾にまったくないことは、養護教諭がスクールカウンセラーを講師とした研修会を企画提案しても却下され、週に一度、県教委からスクールカウンセラーが派遣されているのに、ずっと閑古鳥が鳴いていたことからもうかがえた。

スクールカウンセラーは、いじめが社会的問題となった1995年度から徐々に学校に派遣されるようになった臨床心理士で、通常は教員免許を持っていない。槙尾も大変な高校ということで派遣されるようになっていたが、槙尾に長く勤める教員たちにとってそれは、生ぬるいやり方でしかなかったのである。

しかし、知れば知るほど、岡田にとって槙尾は不思議な学校だった。

「ただ生徒指導で上から締め上げているだけじゃない。先生たち、驚くほど、個々の生徒の事情を知っている。気になる生徒に出会うたびに私は、担任の先生に『どういう子ですか?』って聞いていたんだけど、どの先生も、家庭の状況も本人のこともしっかりと把握している。先生たち、ちゃんと生徒の話を聞いて、その子、その子の事情をわかっている。すでに教育相談的アプローチを、槙尾では各担任がしていました。でも、槙尾には生徒に個別に配慮するという歴史がなかった。生徒は平等に扱うべきという、これまでの教育界の『常識』にとらわれていて、せっかく持っている生徒の情報を、先生たちで共有するということが行われてこなかった。ものすごくもったいないと思いました」

校長の吉岡も岡田と同じことを感じていた。問題行動を起こした生徒が生徒指導上、「特別指導」の対象になり、校長のところに報告が上げられるたびに担任に聞いた。

「この子、どういう生徒?」

担任は即答する。

「彼には困ってます。本当にどうしようもない」

「どう、どうしようもないの?」

「何度注意しても、カーッとなると止まらない。モノを蹴ったり、暴れたり。自分で自分を抑えられないんですよ」

さらに吉岡が突っ込んで聞くと、次第に担任の口調に変化が表れてくる。

「いや……実は……やつ、結構、いいところもあってですね」

「ほお?」

「妹思いでね。でも家が結構、大変なんですよ。母親の再婚相手からの暴力があって。その暴力が妹のところにいかないよう、必死なんですよ。母親があまり家事をしないから、自分で妹にご飯を作ったりしてるんですよ」

ほとんどの担任が、きちんと生徒の個別事情を把握し、その困難さに胸を痛めていた。

吉岡はさらに突っ込んでみる。

「ほお？　それで先生は今、彼と何をしているんですか？」

「今、やつと一緒に、将来について考えてるんですよ。このまま、カーッとして暴れてばかりだと就職してもうまくいかないぞ、それこそ、妹を守れないだろうって」

これこそ、吉岡が追い求めていた支援教育のあり方だった。

たいてい最初は、「どうしようもない困った生徒」から出発する。「なんだ、この生徒は。どうしようもない」と。しかし、そこで終わるのではなく、「どうしたんだ？　何か、大変なことがあるのか？」と横並びになって事情を聞けば、「先生、親があまり帰ってこなくて」と胸の内を少しだけ見せる。事情や背景がわかれば、その「困った、どうしようもない生徒」は、「困っている生徒」だとわかってくる。

この転換こそ、支援の第一歩なんだ。大人にとっての「困った生徒」ではなく、生徒自身が「困った」ことを抱えている「困っている生徒」だとわかれば、一緒に考えようとするスタンスへと転換していく。さっきの担任だって、「一緒に将来を考えている」と言ってたじゃないか。これこそ、まさに支援じゃないか。だから支援教育の始まりは、やっぱり「対話」なんだ。対話に尽きる。それには教員が上からものを言うのではなく、生徒と

横並びの関係にならないと「困っている」ことが見えてこない。それを、槙尾の教員たちは実行している。生徒をちゃんと見て、理解しようとしているんだよ。

ある教員が、吉岡にふと言った。

「校長、うちの生徒は見かけじゃわからないですよね。話をしないとわからない」

すでに槙尾では、担任はちゃんと生徒と「対話」をしている。こうして、生徒それぞれの事情を把握している。これは、槙尾の財産だ。

それではどうやって、この財産を学年・学校全体で共有し、生徒を支援する組織的仕組みを作っていくのか。

その鍵となるのが、まさに「教育相談」体制だったのである。

4

着任式でもぶっ飛ぶほど驚いたが、新米教師の三浦太一にとって、槙尾高での生活は驚きの連続だった。廊下やロッカーの上で生徒が寝ている。授業中であってもだ。

ある日のことだった。2年男子が廊下に寝そべり、授業中なのに携帯電話から音楽を大音量で鳴らしている。巡回していた三浦は生徒に近づいて注意した。

「音、鳴らすの、やめろ！」

三浦が携帯に触るか触らないかの瞬間、抑揚のない声が響いた。

「止めたら、殺す」

え？　開口一番「殺す」？　なんだよ、いきなり「殺す」なんて、人から言われたのは初めてだ。

　幸い、大学時代に空手をやっていたので、腕っぷしには自信があった。

「授業中だぞ、今。止めるぞ」

　幸いなことに殺されることはなかったが、生徒が逆上したらどう対応すればいいのか、内心はうろたえ、教員として弱みは見せられないと虚勢を張ったものの、肝を冷やしながらの対応となった。

　何だよ、この学校。何だよ、この生徒。教員に向かって「殺す」って、ふざけんじゃねえよ。たかが生徒にすごまれたぐらいで、動揺するオレも不甲斐ないし。あの生徒のせいだ。常識を考えろよ。「殺す」じゃねえだろー。

　この「事件」の直後、三浦は職員室で、ベテランの教員たちに思ったままをぶつけた。

「殺す」だけじゃない、ロッカーの上で寝ていたやつもそうだ。注意しても、木で鼻をくくったような態度だ。

「渡辺先生、あいつ、何なんすか！　超なめてるじゃないすか。オレ、絶対に許せないですよ。2年のあいつ。廊下で寝てて、注意したら、『殺す』ですよ。ふざけてないですか！」

生徒指導主任の渡辺靖は、三浦を笑顔でなだめる。

「まあまあ、三浦、落ち着けよ。あとでちゃんと話すけど、あいつら、しんどいんだよ」

一体、何を言っているのか、当時の三浦にはわからない。直後に行われた体育祭後の飲み会で杯を傾けながら、渡辺が三浦に言った。

「あいつは家で、年の離れた弟の面倒を見てんだよ。親が面倒を見ないからさ。メシも作ってんだよ。洗濯もしてさ。そのうえ家のために、夜遅くまでバイトしてんだよ。だから、学校では眠くなるんだよ。家にバイト代、入れてんだよ。自分は、バスの定期券も買えないっていうのに。篠立沢駅から歩いてくる子、うちでは多いだろ？　バイト先でだっていろいろ怒られてさ、あいつ、家でもバイト先でも大変な思いしてんだよ。うちの生徒たちはそういうのが多いんだよ」

「え？　そうなんすか？　そんな……大変すぎるじゃないですか……」

家でもバイト先でも、その生徒はこれまで自分が大切にされた経験がないに等しかった。自分が大切にされた経験がなければ、自分も他人も大事な存在なのだと思うのは難しい。だから、「殺す」という短絡的な言葉を吐いてしまうのかもしれない。

「うちでは朝、中学生の弟や妹の弁当を作ってる子、結構、いるんだよ。男子生徒でもね」

三浦は愕然とした。何かで頭を殴られたかのような思いだった。

「これ、全部、オレの知らない世界だ。オレは親に大事にされて、大学院まで行かせてもらって、それを当たり前だと思って生きてきた。オレは親に感謝すべきだったんだ。世の中にはそうじゃない親もいる。やつら、信じられないぐらいほっとかれて、面倒も見てもらえず、大人から大事にしてもらったこともなく、なのに健気に、家のために夜遅くまで怒られながらバイトをしていて……」

同じ街で育ちながら、エリートコースを生きてきた三浦にはその影すら見えなかった現実が、目の前にあった。想像すらつかなかった過酷な環境で、日々、生徒たちは生きていた。自分が見てきた世界は何と狭いものだったのか。自分の尺度だけで「ふざけんな！」と、勝手に憤慨していた。間違っていたのは自分だ。こうなってしまう何かが、あいつらにはあるんだ。そのことに初めて、三浦は気がついた。

ほどなく、ランチルームで騒ぎがあった。「パイ投げ事件」だ。3年男子グループが仲間の誕生日だということでシュークリームを買ってきて、仲間同士で顔をめがけ投げつけて遊んでいたのだが、エスカレートして他の生徒たちまで巻き込むようになり、顔に当たった1年女子が泣き出した。

今度も、三浦はベテラン教師に訴えた。

「3年のあいつら、いくら何でもひどすぎますよ。ムチャクチャですよ。かわいそうに1年女子、ショックでずっと泣いてたんですよ」

「首謀者はあいつだろ？　あいつはまあ、ほんと、どうしようもない。だけど、あいつの家は父子家庭で、いつからか、父親が完全に家を出て、今、一人で暮らしているんだよ。女の家で暮らす父親が時々、お金を置いていくだけ。『自分のメシは、自分で何とかしろ』と言われて。ほんとは寂しいんだと思うよ」

高校生が一人暮らし？　そんなことがあるのか？　ありえないよ。高校生というのは親と一緒に暮らして、親に面倒を見てもらって学校に通う存在のはずだろう？　そうじゃない高校生がいるなんて、オレは思いもしなかった……。

問題行動を起こす生徒たちの背景が、徐々に新米教師の三浦にも見えてきた。

「頼むから、オヤジさん、やっと一緒にいてやってくれよ。まだ、高校生なんだぜ。オレがあいつの立場だったら、絶望してきっと何もできなくなる。あいつは曲がりなりにも学校に来て、仲間と笑って、バカやっている。オレだったら絶対、高校、やめてるよ。一人でほうっておかれて、信じられないぐらいバイトして、それでも学校に来てるって、オレにはできないよ。オレがそういう高校生だったら、オレには続かない。間違いなく、やめている。オレに、そんなキャパはねえよ。あいつら、すごいよ。すごいやつらだよ」

槙尾の生徒を、どこかで見下していたかもしれなかった。所詮、槙尾にしか、来られなかったやつらだと——。今はちょっと違う。人間ができていないのは自分のほうかもしれない。

考えれば、考えるほど思う。**あいつらの環境は、なんて理不尽なものなのか。あいつらには何の責任もないというのに。**

「決めた。オレが生徒たちを大事にする、オレがあいつらを大切にする存在になる」

5

反対があるからといって、何もしないわけにはいかない。

岡田玲子はとりあえず、週に1回、スクールカウンセラーが来校する日に養護教諭と3人で、「教育相談」の会議を持つことから始めることにした。養護教諭と岡田が気になる生徒を挙げて、スクールカウンセラーから、臨床心理士としての意見やアドバイスをもらう——そんなことを細々と続けてきた。

6月、岡田は思い切って、槙尾で初めての「ケース会議」を提案してみることにした。

「ケース会議」とは、対象となる生徒の個々のケース（事例）について関係教員などが集まって、持っている情報を出し合い、背景を考えながら、どうすればいいのか話し合うというもので、ここから教育相談はスタートする。多くの教員が集まり、みんなでその生徒のエピソードを集めて、その生徒への理解を深め、対応のヒントを探るのが会議の目的だ。

授業中に大きな声で喋ったり、暴力をふるったりする女子生徒がいた。授業中に騒ぐので、教員たちはその対応に追われていた。

学年全体に呼びかけたのだが、実際に参加したのは担任と学年主任だけ。しかも担任は、自分の対応を非難される場なのではないかと身構えての参加だった。結局、問題行動の背景に何があるのかまで話を進めることができず、状況確認だけで終わるという中途半端な会議となった。

やはり無謀だった。岡田には、悔いの残るものとなった。

一方、校長の吉岡は、教育相談を受け入れる土壌を作ろうとずっと動いていた。たとえば生徒指導の場面において、生徒指導担当の教員たちを校長室に呼び、なぜ、この生徒はこのような行動を起こしてしまうのか、特別指導に名前が挙がった生徒についての打ち合わせを校長室で行うようにした。

これまで上から厳しく締め上げる手法で生徒に対してきた生徒指導の教員たちに、行動の背景にあるものは何かを問うことにより、これまでとは違うアプローチがあることを、具体的に吉岡は教職員との対話の中で共に考える機会を増やしていった。問題が起きるたびにこうした打ち合わせを持つことで、生徒指導でも型どおりの罰を与えるのではなく、その子その子でどうすれば指導の効果が上がるのかを次第に考えるようになり、徐々に個別に生徒を見ていくようにもなっていった。

吉岡は担任にもいちいち、「この子はどういう子ですか」とその環境や背景を意識的に聞いていくように努めた。すると担任も自然と、生徒それぞれの状況を理解しようとするようになり、その子その子に応じた関わり合いを心がけるようになった。

さらに吉岡は、岡田には手が回らないところを補う役割も担った。岡田は1年の副担任だったため、関わりはどうしても1年に限定された。そこで2年と3年に関しては、吉岡が意識的に担任に働きかけるようにしたのである。

吉岡は苦境に立つ岡田に対して、表立って、「こうしたら?」と指示を出すことはまったくなかったものの、教員たちが教育相談に対してモチベーションを持つことができるような環境づくりを行うことで、教育相談体制づくりのコーディネートの一部を意識して担っていった。

岡田は槙尾で2回目となるケース会議を、9月に行うことに決めた。今回は逸脱行為を繰り返す、1年の女子生徒を対象にした。授業をサボって廊下にいるか、授業に出てもおしゃべりばかり。カーテンや壁にいたずら書きをするなどやりたい放題で、いくら指導しても、誰の言うことも聞かない。ただし一度だけなぜか、一人の教員にだけ、心を開いたことがあった。

「いいか、ダメなものはダメなんだよ。授業中にそんな大声で喋り続けたら、みんな、困るだろ。おまえはわかってるよな。わかっててやるんだろ？　何か、苦しいことでもあるんだろう？　オレに言ってみなよ」

その女子生徒はこれまで教員から、きちんと向き合ってもらったことがなかったのかもしれない。はっと目を見開き、こっくりとうなずいた。

「おかあさんがものすごく厳しくて……家がつらい。家にいるのが苦しい」

話しながら、いつの間にか涙が頬を伝っていた。

こんなことがあったものの、相変わらず他の教員の前では強がって言うことは聞かず、行動の無軌道さはますますひどくなる一方だった。岡田は、どんな子だったのかを尋ねるために彼女の出身校の中学に問い合わせた。

「学級崩壊の原因を作った子です。担任が何をどうやっても、まったく言うことを聞かなかったですね。もう、名前を聞きたくもありません。指導がまったく入らなかった子ですから」

この彼女の問題行動の背景には何があるのかを、みんなで共有しようと呼びかけたケース会議だった。

今回は「同期の桜会」のまとめ役、年長の山本康平が1年の担任や副担任、関係教員から成る「学年団」で熱心に呼びかけたこともあり、14名もの教員と生徒指導主任の渡辺も参加した規模の大きなものとなった。

会議はまず、女子生徒が4月に入学してから今にいたるまでの様子を担任が説明し、次に参加者それぞれが女子生徒とのエピソードを語っていく方式で進められた。この過程を通して、参加者それぞれが女子生徒を多角的に深く知ることになった。こうして生徒の状況を示す情報が出揃ったところで、臨床心理士であるスクールカウンセラーが意見を述べた。

「対象生徒には非常に大きなトラウマがあって、心の発達がどこかで止まっているのかもしれません。先生方に対していろいろと逸脱行動を起こすのは『自分はここにいてもいいのか』と、試しているのだと思われます。ですから、指導は『規範意識を育てる』などという大きな目標を持つのではなく、具体的で、彼女が意識すればできそうなことから始めるのがいいと思います」

ケース会議を持ったことで気がラクになったのは、担任だった。これまで一人で抱え込んできたわけだが、これからはチームで見ていけるのだ。これほど心強いことはない。

その一方で、「あの生徒の無軌道ぶりには、やはり理由があったのだ」と、参加した教員たちは何か腑に落ちたような思いになった。自分たちは試されていたんだ。彼女は何かを求めていた……。

吉岡が考える支援教育の第一歩、「困った生徒」が、「困っている生徒」に転換した瞬間だった。認識が変わったことで、教員たち一人一人の彼女への声かけにも変化が表れた。

「おはよう。今日はどうだ？　しんどいことはないか？　大丈夫か？」

彼女の内面を理解しよう、受け止めようという言葉が、自然と教員たちの口をついて出る。目の前にいるのは「どうしようもない生徒」ではなく、「何らかのトラウマに苦しんでいる生徒」なのだ。

すると、目に見えて彼女が変わった。「先生たちが、自分のことを考えてくれている、受け止めようとしてくれている」と、その声かけだけで彼女に伝わったのだろう。

指導も、具体的な呼びかけに変えた。

「チャイムが鳴っても席につかなければ、欠時が増えるんだよ。欠時が50分になれば、1時間欠席したことになるんだよ」

「授業妨害はね、特別指導になるよ。特別指導になると結構、大変だよ」

彼女は素直に指導を受け入れるようになり、逸脱行動が減っていった。

しばらくしてケース会議に参加した教員の一人が、ぽろっと言った。

「あっ、生徒を一人一人個別に見ていいんだ……」

一人一人個別に見ていい——、生徒は一人一人違うものなのに、これまで学校という教育機関では平等の原則から、「集団として」生徒を見てきた。そうしないと、えこひいきしていると糾弾される羽目になる。槙尾高で初めて、生徒を「個別に」見ていいと認識された事例だった。

これだ！　岡田は初めて手応えを感じた。

「先生たちはみんな、こういう場を求めていた。槙尾の先生たち、一生懸命やってもうまくいかず、心を痛めていたのに、それを全体の場で出せなかった。それほど、生徒指導が厳しかったから。事情を知っているからこそ、この子を個別に配慮したいと思っても言えなかった。それが初めて配慮していいんだと言えるようになった。これは、すごく大きな一歩なのかも！」

やがて、「うちのクラスの子についてもケース会議をしてほしい」という声が上がるようになり、教育相談のシステムが、1学年ではほんの少しだけ回っていくようになった。

岡田は確信を深めていく。

「やっぱり教育相談なんだ。生徒指導で厳しくするんじゃなくて。だって、子どもたちがルールを破るのは、何らかの背景が絶対にあってのことだから。背景を探らないかぎりは、問題にアプローチできるわけがない。表面の指導だけを厳しくしても意味がない」

ただしこの時点で、ケース会議を実施したのは、1学年だけだった。多数の教員たちは未《いま》だ、教育相談には懐疑的であり、とりわけ、長年槙尾にいる教員たちの反発は歴然としてあった。「槙尾をわかっているのはオレたちなのだ、昨日、今日、槙尾に来た人間に、一体、槙尾の何がわかるというのだ」と。

このような反発もまた、吉岡には理解できるものだった。すべてがこれまでの真剣な取り組みという裏打ちあってのものだ。学校の組織文化とは一挙に変わるものではない。

そんな岡田を支えたのが、生徒指導主任の渡辺靖だった。渡辺は教育相談のケース会議には必ず参加した。実は渡辺は、岡田と同じ「教育相談コーディネーター」の資格を持っており、教育相談と生徒指導をなんとかしてつなげようとしていた。教育相談と生徒指導とは決して対立するものではなく、生徒を支える両輪でなければならない。だから吉岡が行う、生徒指導担当を呼んでのケース会議風打ち合わせは、渡辺には非常にありがたいものだった。生徒指導にこそ、教育相談の視点が絶対に必要だからだ。

岡田はつくづく思う。

「1年目は、ヤスさんの存在がとても大きかった。ケース会議に入ってくれて、私を応援してくれた。ヤスさんがいなかったらやりきれていなかったと思う。とても孤立していたし」

一方、吉岡は校長として、肝心の生徒指導そのものを、意識して教育相談的なものに変えていった。

ある時点からなぜか、生徒指導で「学校長厳重注意」という判断が増えてきた。前は「謹慎3日」といった具合にまず生徒指導部が判断してから、吉岡が報告を受けるというのが普通だったのに、「校長のところに持っていけば、また違う注意をするかもしれない。その結果を見て、どう指導するか決めていこう」と、吉岡のところに生徒を連れてくるようになったのだ。

問題行動を起こした生徒にどう反省を促していくかは、その子その子によって違ってくるというのが吉岡の考えだった。だから決して、杓子定規なことはしない。その子にとってどうすれば効果的なのか、指導には幅を持たせて、決して平準化はしない。

「学校長厳重注意」となった生徒と一対一で話しながら、吉岡はどうしたらいいかを一緒に考えていくというやり方を採った。

「ルール違反はまずいけど、『何回、言ったらわかるんだ!』と、頭ごなしに叱責するのではなく、『なんで守れないのかな？』と、その子と一緒にいろいろ話をしていく」

話しながら背景を考えるという意味では、まさに教育相談的な生徒指導だった。だから、「バイク通学を３回やったら、退学」「タバコは謹慎３日」などと、杓子定規に罰を与えるようなやり方ではなく、すぐカッとなる子は、カッとなった時の身の処し方を知らないから、じゃあ、どうしていこうかと、生徒と一緒に考えていく——そんな生徒指導に意識して変えていった。

「だって生徒指導は生徒を懲らしめるためのものじゃなく、生徒に自ら考えさせるものだから」

吉岡が提唱する支援教育とは、子どもの現実から出発すると同時に、そこに本人の自発性がないといけない。

「じゃあ、１週間、毎朝１時間ずつ校長室で、オレの前で読書をする。これだったら、おまえ、できそう？」

「……はい、できます」

これで、もう生徒は逃げられない。意向を聞きながら進めると、そこに自分も参加しているからね。支援とは甘やかすことではなく、本人も交えた形で進めていくもの。提供するものではなく、こちらが生徒と一緒に作っていくものなんだよ。

いつの間にか、ひょっこりと校長室にやって来る生徒が増えてきた。

「校長、ヒマ？」

開口一番の挨拶がこれだ。吉岡はさっと仕事を仕舞う。いくら忙しく仕事をしていたとしても生徒と教員が訪ねてきたら、すべて仕舞うのが吉岡の流儀だ。

「めっちゃ、ヒマ。おまえは？」と吉岡が応えると、その生徒が言った。

「忙しいけど、来てやった」

6

岡田はもう一つ、改革しなければいけないと強く思う問題に直面した。それは夏休みに行われる、前期の成績で1がついた生徒を対象にした「補習」だった。

自分の数学の授業だけでも、岡田は学力的に厳しい子がかなり多いことを実感した。中学レベルどころか、小学校の内容ですらおぼつかない。結局、授業についていくことができずに、中退してしまう。

当時の槙尾は教師たちがいくらがんばっても、中退者が後を絶たないという厳然たる状況にあった。毎年240人が入学して、4分の1の60人ほどが退学する。卒業した180人も、進学・就職・フリーターの3つに分かれるが、最も多いのが「フリーター」だ。ここでいう「フリーター」とは進路未決定者である。

5段階評価で1という最低の成績を取った子を対象にした補習でありながら、岡田が目撃した槙尾の補習は黙々と教科書をただ書き写すという、まるで写経のような「作業」だった。しかもたった1分の遅刻ですら絶対に許さず、私語は厳禁という厳しい場となっていた。補習というよりも、何か懲罰的、見せしめのようなものを感じざるを得ない。

数学科の会議で、さっそく岡田は異議を申し立てた。

「内容を理解していないのに、教科書をただノートに写させるなんて、まったく意味がないと思います。わからないところをちゃんと教える補習をしたいです」

だが、岡田の意見は完膚なきまでに否定された。数学科の教師で岡田の側に立った者はいない。

「まだ、槙尾で何も経験してないのに、今までのやり方を『ダメだ』と言ってやらないというのは、いかがなものか」

「一度も槙尾の補習をやったことがないのに、否定するのですか？　一度、ご自分で経験してから発言するべきなのでは？」

2時間、吊るし上げの状態となった。こう言うしかなかった。

「わかりました。1年目は様子を見ます」

その岡田が補習に立ち会った時のことだった。開口一番、学年主任が生徒たちに言い放った。

「いいか、この補習は1分でも遅刻したら許さないぞ」

一瞬にして、生徒たちの顔色がさあーっと変わった。岡田は胸が裂かれるような思いに襲われた。

ああ、この子たち、どういう補習か、わかったんだ。わからないところを、わかるようになりたくて補習に来たのに、そういう「教えてもらえる補習」じゃないってことが……。

終了後、一人の生徒が岡田に言った。

「これって、特別指導と一緒だよね」

問題行動を起こした時に行われる懲罰的な特別指導と一緒、そう、生徒が岡田に吐き出した。諦めたような、冷めた口調で。

2学期になり、夏休みに補習を受けてクリアした女子生徒がその後の学習についていけず、学校に来なくなり、担任が必死に引き止めたものの、頑として学校をやめていった。

「もう、いいよ」

彼女が言い残したのはそれだけだ。この時、岡田ははっきり思った。

やっぱり、こんな補習はまったく役に立たない。普段から、勉強ができないという悩みに応えてあげないと、生徒をサポートすることなんか絶対にできない。

気にかけていた何人かの生徒が槙尾高を去っていくのを、ただ見送るしかできなかった。

１年目の最後、２００９年３月の職員会議で出された来年度の補習の原案に対して、岡田は意を決して異議を唱えた。

「やはり、今のままの補習ではいけないのではないでしょうか。ただ教科書を写させるのではなく、ちゃんと教える補習に変えていかないといけないと思います」

意外なことに、岡田に賛同する意見があちこちからあがり、会議は揉めに揉めて紛糾した。例年どおりの補習を想定した原案が認められないという、槙尾で初めての事態に陥り、ここで吉岡が教員たちの間に入った。

「補習については、来年度に研究していきましょう。岡田さんたち学習支援グループが中心になって、早期に開始し、個別性を重視する方向で原案をまとめてください」

校長がはっきりと、来年度から新たな補習のシステムに変えていくのだと全教員に宣言したも同然である。会議終了後、原田が吉岡に話しかけてきた。

「校長、ついに虎の尾を踏みましたね。ここは高校教員のアキレス腱ですよ」

教員に「授業内容を変えろ」と言うことほど、難しいものはない。結局のところ、補習改革はそこに直結する。自分の授業というのは教員にとって根本であり、絶対領域でもある。そこに管理職といえど、外部から口を出され、水を差されるのは教員としての能力やプライドを否定されるのに等しいのだ。

そもそも、単位をどうするのかという問題もあった。「補習に出たら単位を与える」と約束してしまえば、授業が壊れてしまう。単位はあくまで授業に出て取得するものだ。では補習は、単位取得には一切、関係のないものにするのか。そのあたりの線引きが難しいところだった。

新しいものを作っていくことの難易度の高さは、吉岡もよくわかっていた。

しかし改革が必要であることも、中退者の多さを見れば当然のことだった。苦肉の策として、3年の最後に「卒業させるため」の補習も行われていたが、この時点では生徒はすでに疲れ切っていてうまく機能しない。

卒業できなかった生徒というのはそもそも、どんな状態だったのか。一人一人について、吉岡は担任にヒアリングを行うことにした。

「中退した彼についてだけど、先生はいつ頃から卒業が難しいって思っていた？」

「1年生の最初の頃から、危ないなとは思っていました」

1年の最初から、勉強がわかるようなテコ入れがあれば結果は違ったかもしれないと、どの担任も思っていた。苦手科目を克服できるような補習を望んではいたが、代案がなければ変えようがない。ゆえに現状維持が続いていたのだ。

補習を変える必要はあるし、教員たちに変革が必要だという意識の土壌は確かにある。重要な問題だからこそ、校長のトップダウンでやるべきではないという考えが吉岡にはあった。どんなに時間がかかっても、ここは教員間で徹底的に議論することが重要なのだ。こういう問題をもしもトップダウンで決めれば、おそらく校長が代わった段階で元に戻ってしまうだろう。

「校長がパッと意見を出しちゃうと、教員が遠慮して自分の意見を出しにくくなる。岡田さんには気の毒だが、補習改革の担当として、1年かけて検討してもらうのがいいだろう」

それでも岡田は吉岡の提案に希望をもった。

少しずつだけど、槙尾が変わり始めている！

吉岡は内心、ニヤリとした。

「岡田さんは結構、勇敢なんだよなぁ。逆に言えば、鈍感ってことなんだけどね」

4 すべては生徒のために

1

「川上さん、ちょっとさぁ、話があるんだよ。飲もうよ」

「え、原田先生？　急にどういうことですか？」

２００８年が明けてまもなくの頃、原田憲介は教頭として槙尾高に赴任する前にある教員に電話をかけた。新しい高校づくりにあたって、その教員の力がどうしても必要だと思ったからだ。

白羽の矢を立てられたのは国語科教師、川上文彦（当時51歳）だった。

勤務する高校で電話を受けた川上は、絶句した。自分も教職員組合にいたので原田憲介という存在自体は知っている。しかし、これまで飲むどころか、ほとんど話をしたこともない。まさか、その原田から、自分に名指しで電話がかかってくるとは……。しかも、いきなり飲みの誘いだと？

「原田先生、なんで、私なんですか？」

「まあ、いいじゃん。ちょっと話があるんだよ」

「そんな……」

だいたい同じ組合のメンバーといっても、オレと原田さんじゃタイプが違う。真逆と言

ってもいい。オレは組合じゃ、理屈をこねる理論家だ。教育とはどうあるべきか、どう行使されるべきか、原理原則にこだわってきた。一方、原田さんは、理屈なんてどうでもいい。現場さえ、よくなればいいという考えだ。現場がよくなるのはいいことだが、理論をなおざりにすれば収拾がつかなくなる。現場での最善策が第一であって、他は「何でもアリ」の原田さんとは、いわば、水と油のような関係だ。

その原田さんがわざわざ、オレに話があるという。間違いなく、何かがある。だが何を企んでいるのか、さっぱりわからない。

組合でのスタイルだけではない。風貌もまた、川上と原田とではひどく対照的だ。細面で痩身、理知的な眼差しの川上は、野武士のような原田と違い、都会的な雰囲気を醸している。あたたかみを帯びたソフトな語り口の川上と、ダミ声の原田――発する声も正反対である。

原田は、お調子者のような口調で話を続けた。

「まあ、川上さん、そんなに硬く考えなくていいからさ。明日か明後日でどうかな？　忙しい？」

鷹揚な話しぶりが、川上の何かを解かしたのかもしれない。つい、こんな言葉が口をついて出た。

「あっ、わかりました。いいですよ」

今でも川上は時々考える。なぜ、あの時、原田の誘いにのこのこと乗ってしまったのだろう。

間違いなく、閉塞感だ。教員として、生徒のために何かをしたいという気持ちに変わりはないのに、あの頃、オレが勤めていた学校ではどことなく無力感があった。いつからか、学校を動かすのは教員主導の職員会議ではなく、校長のトップダウンとなってしまった。学校は、校長のやりたいことだけを実現する場になった。生徒に良かれと思って続けてきたこれまでの手法が、すべて封じられてしまった感があった。現状を変えたい、そんな突破口が欲しかった。原田さんにすがったわけではない。だが、何か、変化が欲しかったんだ。


待ち合わせ場所のターミナル駅改札に、川上は普段どおり、ジーパンで出向いた。教員になって以来、長髪、ジーパン、Tシャツ、夏場はサングラスという服装を職場で貫いてきた。「外見じゃねえんだ、中身なんだ」という意地があった。組合活動もそうだが異分子・異端としてあることが誇りであり、それを象徴するのがジーパンと長髪だったのだ。

川上の生まれは、郊外の新興住宅地。子どもの頃の楽しみは川遊びだった。透明な流れに浸かり、魚を獲っては、家の庭に作った小さい池に放す。毎日、外で暗くなるまで遊ぶ少年だったが、本を読むことも大好きだった。

高校時代に日本浪曼派の詩人、伊東静雄に夢中になった。詩のすばらしさに感銘を受けると同時に、なぜ、戦意を煽《あお》る国粋主義と結びついていったのかに興味があった。きちんと学びたいと、進学先は研究者がいる早稲田大学に決めた。第一志望の文学部には落ちたが、どうしても国文学をやりたいと教育学部に進んだ。

目指した教授のゼミに入り、卒論は伊東静雄と研究テーマは一貫していた。だが大学時代に精魂傾けたのは研究ではなく、自転車だった。サイクリングクラブに入り、一人で日本全国を自転車で旅したこともある。

卒業後は出版社への就職も考えたが、すぐに挫け、教員でいいや、教員で行こうと決めた。どんな教員になるかなんて、考えたこともなかった。仕事をしながら好きな小説でも読めれば、それでいい、教員だったらそんな生活も可能だろう――だがこれは大間違いだったと、程なく知る。

赴任先は中堅の進学校だった。年配の教員から開口一番、「君は若すぎる。担任は持たせられない」と言われ、授業の持ち時間もすべて、意向も聞かずに勝手に決められた。

1年目に割り振られたのは現代文を9クラス、週に18時間。納得がいかなかった。

「おかしいじゃないですか。1週間に、同じ授業を9回もするって。半分、古典でもいいじゃないですか？」

「いや、古典はキミには早い」

「そんなの、納得できないですよ。すみませんが、木曜は授業の前に別の業務が入っているので、週に18時間・現国というのを減らしてもらえませんかね」

年配の教員とよくぶつかった。学校という組織は、一部の人間が決めて動かすものだということも、あちこちで衝突するうちにわかってきた。これが、組合活動に入った動機だ。

組合でさまざまな資料を見る機会を得た川上は、国が出してくる教育政策に疑問を持った。子どもたちのためになっているとは言い難い。

当時のA県では、学区を無くし、全県から優秀な生徒を特定の高校に集め、全体の上位2％の優秀な子どもに集中してお金をかける政策が行われようとしていた。そうした教育政策への疑問を組合で話したところ、「キミに向いた、いい仕事がある」と紹介されたのが、組合の研究機関だった。

ここで川上は国が提示する教育政策を分析・批判していく論客となる。もちろん、学区廃止についても理論的に反撃を開始した。しかし、力及ばず、A県で学区は廃止された。

当時の組合が掲げていたスローガンのひとつに、「職場民主化」があった。教職員が人事と財政にコミットする代わりに、仕事にはきっちり責任を持つというものだ。学校の中に「職場民主化委員会」を作り、活動した。今、川上は嘆息を漏らす。

「あの頃は、そういう活動ができた、いい時代でした。職場もおおらかなもので、3時ぐらいで終わって教員同士で飲みに行くとか、夏休みも1ヵ月以上あったから、最初の年はヨーロッパに行きましたよ。今の教員の夏休み、3日もありませんね」

組合ではブレない理論派の闘士だったが、学校現場ではまったく違う、教員としての姿があった。

ある日、両手両足麻痺《まひ》で言語障害もある生徒が、川上にたどたどしい言葉で伝えてきた。

「この年になって、親と一緒に修学旅行に行くなんて、先生、私、絶対にしたくない！」

「オレに任せろ！　オレが何とかしてやる！」

何の勝算もないのに、安請け合いをしてしまう。すぐに格好をつける川上の悪いクセだ。夏中、どうすればいいか悩んだ挙げ句、組合に相談して、教育委員会と県の福祉課相手に、交渉のテーブルを設定してもらった。

「高校生という年齢からいって、修学旅行に保護者がついていくのは教育的に考えられません。介助者をつけて修学旅行に行けるための予算と仕組みを整えてください」

一か八かの交渉だったが、県は意外にあっさりと要求を呑んだ。こうしてこの女子生徒は、A県の普通科高校において、障害者が親の同行なしに修学旅行に行った初めての事例となった。

生徒のためになることは何でもやってあげたい――今も変わらぬ思いだ。

2

ターミナル駅近くの居酒屋でグラスを傾けながら、おもむろに原田が切りだした。

「県教委が今度、新たな仕組みの高校を作るっていうのは知ってるよね？　槙尾高がその新しい高校になるんだよ。川上さん、槙尾でさ、新しい学校づくりに協力してくれない？」

原田は、川上の実力をよくわかっていた。

組合きっての論客・川上は、戦後の日本教育史に造詣が深い。コロコロ変わってきた戦後の文部行政、教育史の流れ、その問題点を正確に把握し、俯瞰《ふかん》できる視点が川上にはある。教育というのは、その時代の社会や政治と無関係ではいられない。労働環境や条件がこれほど変われば、教育もまた、変わっていかないといけない。社会の動きと連動しない教育はあり得ない。川上は目の前の子どものことはもちろん、社会や政治にもきちんと目を配れる、貴重な教員なのだ。しかも、教員間において信頼を集めることができる人望もある。

何より、この時、原田が川上をスカウトした最大の要因は、川上の「教務」的な力に注目したからだ。教務とは、学校の運営に関わる事務全般を担う部署だ。年間・月間の授業計画、行事予定、生徒名簿や出席簿から、授業の時間割、成績表、指導要領にいたるまで、学校を動かすありとあらゆる事務案件の立案・作成を受け持つ、学校の屋台骨を支える仕事である。

教務が機能しないと、学校全体が回らない。原田に言わせれば「教務とは、家庭における電気、ガス、水道のようなもの」だという。あって当たり前、ないと不便。滞ると、家庭生活もうまくいかない。ここがきちっとしていないと、他のところもおかしくなってしまう。だから、なんとしてでも川上を槙尾の教務に引っ張ってきたかったのである。

芋焼酎をロックで飲みながら、原田は川上をさらに口説く。

「うちの教務の立て直しをやってよ。僕の不得意なＩＴ化をやってほしいんだよ」

槙尾高には新たな入試のシステム作り、教務システムのＩＴ化、教育課程の組み立てなど、克服しなければならない教務的課題が山積みだった。とりわけ、ＩＴ化は急務だった。

川上は焼酎をゆっくり口に含みながら、思いを巡らした。**槙尾に行けばおそらく、原田さんが圧倒的に弱いと思われる、教務のＩＴ化を進めることになるだろう。オレは独学で学ん**

だだけだが、コンピューター・ネットワークも一応わかるし、技術者とそこそこ話もできる。

「やってよ。川上さんしか適任者はいないと、僕は思っているんだよ。一緒に、今までにない高校をつくっていこうよ。それは、大変な子どもたちを支援する高校なんだよ」

川上は思い出した。原田がかつて、課題集中校の問題について、組合の冊子で「居場所としての学校づくり」を提起していたことを。

あれから10年以上も経っているというのに、原田さんはそういう高校を実際につくろうとしているのか。

原田は、くりくりと目を動かして川上の顔を覗きこむ。どこか、人懐っこいユーモラスな笑顔で。

「わかりました。槙尾に行きます。ただし今、2年生をもっているので、来年、卒業させてから行かせてください」

川上はありありと思い出した。**当時、原田さんは学区廃止を受け入れてもいいと主張していた。受け入れることでお金も人材も使えるなら、それを課題集中校対策に充てようと。だが、あの時、オレは何とか学区を守りたかった。それぞれ地域の高校として存在させるべきだと思ったからだ。あの時は原田さんたちのグループと対立したが、だからといってこちらに「支援」の発想がまったくなかったわけじゃない。かつて、自分にも「生徒**

支援」に結びつくような経験が確かにあった。

　中国残留孤児二世の生徒が「英語を、日本語で教えられるのが耐えられない。母語で教えてもらいたい」と訴えてきた時のことだ。そりゃあ、そうだ。早速、中国語で英語を教えられる人材を探したが、その人は教員ではなかった。それでもいい、生徒のためになるならと押し切り、週に2回学校に来てもらい、その生徒に中国語で英語の授業を行ってもらった。これは外部の人材活用の走りとなった。当時、組合では「無原則に規制緩和をして外部の人材を入れれば、教育現場にふさわしくない人間が学校に入ってくるというリスクが出てくるのではないか」という理屈で外部の人材活用に反対していたが、生徒の利益につながるのなら、と押し切った。

「これが、オレにとっての生徒支援につながる原点かもしれない。槙尾に行こう。原田さんの口車に乗ってみよう」

　原田と飲んだ帰り道、川上は一つのことを決めた。

　教頭の味方として教職員の中に入るのだから、信頼を得るためにも服装をしっかりしよう。ジーパンでフラフラしていたら、教員は誰も言うことを聞いてくれないだろう。教務を立て直すということは、今までのやり方を変えることだから、不便になる人も出てくるわけだ。パソコンに精通していない教員からは嫌がられるかもしれない。ネクタイを締めてスーツを着ていけば、少なくとも信頼されないことはないだろう。髪も短くしよう。川上は教員になって初めて、スーツとネクタイを購入した。そして２００９年、川上は原田より１年遅れて槙尾の教員となった。以降、オールバックの短髪に銀縁メガネという姿で教員人生を送ることになる。

家で妻は、ひっそりと喜んだ。

「ああ、これでやっと、普通の勤め人になった」

息子もそうだ。

「お父さん、やっとネクタイを締めたんだね」

3

その年の槙尾高の着任式で、川上と一緒に壇上に立った佐野修司（当時45歳）も、原田から声がかかった一人だった。原田の構想に、川上と佐野は必須の人材だったのだ。川上には当面、教務の立て直しを任せる。かたや佐野には生徒指導のベテランとして、生徒ときっちりした関係性を作って、学校の秩序と治安を守ってもらう。この２本の柱は、新たな学校づくりに何としても必要だった。

渡辺靖という現・生徒指導主任も優秀だが、佐野はかつて槙尾で、原田と一緒に生徒指導をやっていた間柄だ。その力量は百も承知のことだった。原田が前年、槙尾に赴任して強烈に感じたのは、生徒たちの疲弊感、そして諦めだった。10年前は暴れるエネルギーがあったのに、それすらも吸い取られてしまったかのようだ。だからこそ、佐野という抜群の力量をもつ生徒指導を求めた。

１９９１年に新採用で槙尾に赴任した佐野は、原田の下で一から生徒指導を学んだ。原田が槙尾から異動した後は、37歳で生徒指導主任となり、２００１年まで槙尾に在籍した。

原田の「人たらし」の手法は一貫している。とにかく、一緒に酒を飲むのである。

「佐野さん、槙尾高がさ、県教委が作ろうとしている新たな仕組みの高校になるんだよ。槙尾で、生徒指導をやってよ」

佐野は原田とは、槙尾を離れてもずっといい飲み仲間だった。同じ体育会系で気が合うこともあるが、野武士のような風体の原田に対し、長身の佐野はすらりと都会的だ。

「え？　オレ、槙尾に戻れるんですか！　いやー、ありがたい。こんなうれしいことはないですよ」

A県の教員人事で「出戻り」は例外中の例外だ。佐野は一も二もなく承諾した。漏れ伝わる槙尾の様子を聞くにつけ、できれば槙尾に戻りたいと思っていたからだ。

「自分たちがいなくなってから、学校がガタガタになったといろいろ聞いた。先生が最短任期の4年で、『年季奉公があけた』と出ていく。これじゃ、生徒たちは自信が持てない」

A県内の工業地帯の一角にある中小都市の生まれ。中学ではハンドボールの部活一筋で勉強は一切しない。不良たちと一通りのやんちゃもしたが、地元の名門県立高校に合格するほど成績はよかった。高校でも部活に没頭、顧問がいなかったので、キャプテンとして練習メニューを組み立てたり、練習試合をセッティングしたりと部活の面倒をみた経験から、教員になろうと決めた。しかし、ほとんど勉強をしていなかったため一浪して、唯一合格したのが日本大学経済学部だった。卒業後はA県が教員の採用を控えていた時期で、採用試験になかなか受からず、母校に併設されている定時制高校で非常勤講師や「臨時的任用職員」という形で働いた。そこで一人一人が困難な課題を抱えている現実に、「教師」として直面する。

5回目のチャレンジでようやく採用試験に合格、赴任したのが槙尾高だった。

槙尾が、底辺の課題集中校なのはわかっていた。でも、新米教師でも、自分には生徒指導をできる自信のようなものがあった。

「ダメなものはダメ、いいことはいい。その境目はオレが決める。そういう関係を、子どもたちに作ってあげたい。オレがダメだと言ったものはダメなんだと。これがオレの生徒指導の原点だ。相手はもう高校生、社会的・法的にダメなものは何か、わかっている。そうじゃないものもわかっている。その間がわからないんだ」

これは、定時制の経験で身にしみて感じたことだった。**子どもたちの反抗や悪さも、ほぼすべてが大人に受け止めてもらいたいからだった。だから、こいつらの話をオレはちゃんと聞いてあげる。存分にかまってあげる。だって、やつら、そう、されたがっているんだから。オレはとことん、生徒指導の生徒と付き合っていく。**

原田にとって佐野は、非常に大事な存在だった。

「佐野さんは、子どもの心をちゃんとわかっている。生徒指導は上からバシッというのも時にはやらないといけないが、一番大事なのは生徒の心をつかむこと。つかみさえすれば、どんな子でも真っ当な世界に戻ってくる。佐野さんは子どもの心をつかむのが、めちゃくちゃうまい。そしてダメなものはダメだと、きちっと制圧できる力量のある教師。もう、特殊技能と言っていいくらい」

川上とタイプが違うのも、生徒にとっても教員にとってもいいことだと原田には思われた。川上は校長の吉岡とよく似た理論派、佐野は原田に似た体育会系タイプだ。

生徒指導一本やりの佐野だが、彼もまた「教育相談コーディネーター」の資格を取っていた。それは槙尾の次に赴任した普通科の底辺高校で、精神的に多大なダメージを負った生徒に山ほど出会ったからだった。

養成講座を受講するきっかけとなった、忘れられない生徒がいる。それが吉川由佳だ。由佳は解離性同一性障害、俗にいう多重人格の子だった。

佐野にとって担任をもった生徒は、「自分の子」になる。担任をもっていない時は「自分たちの子」だが、担任の生徒は特別にかわいい、自分の子も同然だ。それほど大事な「自分の子ども」に、まさか、いくつもの人格が立ち現れようとは思いもしないことだった。

佐野が目撃しただけでも、由佳の「別人格」には、幼子からタイ人（ほとんど話さない）、そして猫までいた。もっとも出て来てほしくなかったのが、凶暴な男の人格だった。

佐野の前で咆哮《ほうこう》を上げ激しく暴れ、厚さが5センチはある、ガラスのブロックタイルを雄叫びとともに蹴り割った凶暴な男の人格。実際は、華奢な女子高生だ。タイルを割った由佳はアキレス腱をズタズタに切った。そこまでしても余りある、激しい怒りのエネルギーの発露だった。由佳は半年、歩けなくなり、佐野は毎朝、自宅まで迎えに行った。

その家は何の問題もなく見えた。立派そうに見える父親に、優しそうな母、おとなしそうな姉。だが、この父が由佳への虐待者だったのである。

まだその事実を知らない佐野だが、日々、手探りで由佳を守った。

「交代人格と話をして、『由佳を返してね』と頼むと、がくっと意識が飛んで、由佳が帰ってくる。何かステージのようなものがあって、スポットライトが当たった人格が、由佳の中から出てくる感じ……」

精神的な治療が必要だと、精神科や心療内科へ一緒に行った。由佳が付き添っていてほしいというので、カウンセリングにも立ち会った。

そこでわかったのが幼児期、由佳が父親から性的虐待を受けていたことだった。耐え難い苦痛を、幼い由佳は黙って耐えるしかなかった。その苦痛を引き受けてくれたのが、さまざまな人格だった。まだアイデンティティが未分化な幼児だから、猫にもなったのだ。

佐野ははっとした。

そうか、これまで生徒指導で関わってきたやんちゃなヤツらも多分、メンタルな部分に問題を抱えていた。そうだ、あいつらみんな、生きにくさを抱えていた。だから衝動的な行動に出たり、荒っぽいことをしていたんだ。ああ、あいつら、ほんとは苦しんでいたんだ。オレにそういう概念がなかったから、何も見えてはいなかった……。

佐野は生徒指導と教育相談を一人の教師が担える、貴重な教師となった。

再び槙尾に戻った佐野が目にしたのは、たった8年のブランクなのに、生徒たちが様変わりしている姿だった。佐野は毎日、登下校時には昇降口や校門で、一人一人の生徒に声をかけた。

なんだ、これは。荒れているというより、疲弊している。学校なんてどうでもいいやって、生徒はもう諦めている。だからなのか、前ほどやんちゃな悪さをする子は少なくなっているのに、退学率が高いっていうのは。なぜだ。子どもと学校との信頼関係が、どうもイマイチなのか。

佐野の見立ては正しかった。この実情を変えるべく、原田は佐野を起用したのだ。原田には確固とした信念があった。

「もはや反発する力もないほど、子どもたちからいろいろなものが奪われている。これほどまでに子どもたちの抱える困難さが増す中、どんなにお金だけつぎ込んでもダメなんだよ。子どもたちの心に心棒を入れることができる教員がいないと何も変わらない。自分の中に心棒が入ると、子どもたちは蘇る。だが、これはキレイごとじゃない。子どもときちんと向き合って、子どもが反発することや嫌がることも言わないといけない。子どもに心棒を入れる人は、汚れ役もやらないといけない。だけど、そういう人材がいないと、子どもも学校も変わらない。佐野さんはそういう教員だ」

4

「教育相談コーディネーター」として、岡田玲子は依然、逆風の嵐の中にいた。1年目で何とか、槇尾に「教育相談」という文化を受け入れる礎《いしずえ》を作ることはできたかもしれないが、教員たちからはいまだ、「教育相談」への批判が絶えなかった。

「なんで、特定の生徒ばかりを特別扱いするんだ？　大変なのはそっちにもこっちにもいる。その子だけじゃないだろう？」

だが、ここに佐野をはじめ新たな人材が加わることで、槇尾の教育相談体制は俄然、厚みを増していく。岡田は目を瞠《みは》るような思いだった。

昨年度は、岡田が一人で教育相談に関する雑事を担っていたため、副担任を持った1年生しか対象とすることはできなかったが、２００９年からは各学年に、教育相談コーディネーターが配置されることになった。１年に岡田、２年に佐野、そして3年には佐野・川上と同期で転任した峰岸涼子（当時48歳）が就いた。

峰岸は、大学で心理学を専攻した英語教師だ。「教育相談コーディネーター」の資格は2期目に取った。しかも槇尾に来る前は5年間、児童相談所（児相）に勤務していた経歴をもつ。教員が児相に福祉職として配属されるケースは珍しいことではない。近年の児童虐待の深刻化とともに、文科省が学校と関係福祉機関との連携の必要性を認め、各自治体で児相へ教員を出向させる機会が増えているのだ。

峰岸はその5年のうち3年を、一時保護所で児童指導員として勤務した。家庭の事情などの理由によって一時保護された子どもに勉強を教え、寝食を共にする。残りの2年は相談業務に就き、家庭訪問をするなど子どもが保護される前の相談にあたった。

その峰岸にとっては、久しぶりの高校の現場だった。槙尾は大変だと聞いていたが、実際に会った生徒たちは自分の予想とまったく違っていた。

「あれ？　子どもたちは素直で、とても幼くてかわいらしい。『先生、うち、ヤバいんだよ』って赤裸々に何の屈託もなく話しかけてくる。どうしてこんなに、懐っこいのだろう。進学校の生徒とも全然、違う」

ほどなく、峰岸は「ママ」になった。槙尾ではよく、親身になってくれる年配の女性教師は「ママ」と、男性教師は「パパ」と生徒から呼ばれる。ひとり親家庭の子が多いこともあるが、大人に甘えたい子が多い表れだった。

「ママ、うち、中学までは隠してたんだ、家のこと。でも今は、他の子たちも同じだから、友達に何でも言える。だから、すごくうれしいんだ。困っていたら助けてもらえるし、うちが友達を助けてあげることもできるんだよ！」

こんなことを言う生徒が一人や二人ではなかった。

峰岸もまた、生徒指導一本やりの槇尾の風土に違う風をもたらした一人だが、何より大きかったのが佐野の存在だ。佐野自身、苦笑する。

「よくわからないが、同じことを職員会議で岡田さんが言うと、決まって『ノー』。それをオレが生徒指導の立場から言うと、『イエス』。ならばいっそ、オレが主導して、『教育相談担当グループ』を立ち上げようという話になった」

佐野は職員会議で提起した。

「これから槇尾でも、組織として教育相談をやっていくことにしませんか。問題行動を起こす生徒の背景をチームで考えて、解決に持っていくという『教育相談担当グループ』を、今年度から組織したいと思います。トップは岡田さん、ここに各学年のコーディネーター、学年主任も加わって」

あっけないほどに、ほぼ全員の了解を得た。佐野は痛感した。みんな、こういうアプローチが必要なんだということはわかっていたんだ。ただ、これまではそういう仕組みがなかった。ただ、それだけのことだったんだ。

校長の吉岡博史は、この流れを俯瞰で見ていた。

「最初から佐野さんを入れても、こううまくは動かなかっただろう。まず岡田さんが何もないところから、自分で組み立てて、『この子って気になるよね』って、自ら入っていくことで、ようやく教育相談的視点がその学年で広まってきた。そこに、佐野さんという次の人材が入ってきた。単なる生徒指導ではなく、教育相談の知識もある人が入ったことで、岡田さんの力もさらに発揮されるし、分厚い構成になる。岡田、佐野が同時に入っていたらここまでうまくいかなかったかもしれない。どこでどういう人材を投入するか、このプロセスが大事なんだよなー」

5

教員になって2年目の26歳の春に、三浦太一は初めて担任を任された。佐野が言う「自分の子」ができたわけだ。

副担任をしていた前年とはまったく違った。クラスの一人一人の状況が丸わかりになった時、三浦は愕然とせずにはいられなかった。ひとり親家庭の多さ、生活保護世帯もかなりある。書類上だけでも「普通」と括られる生徒は、ごく一部だった。

オレが今まで「普通」だと思っていたのって、一体、何だったんだ。こんな現実を抱えている高校生がこんなにもいるってことを、オレもそうだったけど、世の中、知らなすぎるよ。高校生なのに1～2歳の弟や妹がいる子が多い。たいていは母親と再婚相手との子だ。それはいいが、なんで、その子の面倒を高校生が見なきゃいけないんだ?　高校生は

まず、自分を育てないといけないのに。世帯主の母親が精神的に不安定という理由で、生活保護を受けている子どもも多い。

副校長の原田憲介もまた、生徒の現実に、赴任した当初から驚愕を禁じ得なかった。

自分がかつて槙尾に赴任していた90年代は、少なくとも景気は今ほど悪くはなかったし、社会にまだ仕事があった。今より倍の生徒がいたのに、授業料を減免している経済困窮家庭は、今の4分の1程度で済んでいた。しかし今は、生活保護世帯は3ケタに上り、かつての4倍から5倍近くに増えている。非課税世帯という困窮家庭の子もかなり多い。

かつては何より、教員が連携できる家庭があった。今はその家庭がない。崩壊しているか、機能不全かのどちらかだ。原田は信じられない思いだった。

多くの大人が「普通」と考えるような、かつて自分たちが過ごしてきた子どもの暮らしがそこにはない。いつの間にか、子どもが生きる環境から、家庭というものがすっぽり消えていた。

三浦が教員となって初めて持った自分のクラス。ピカピカの1年生だ。いろんな子がいたが、特に心配でならなかったのが、父と死別した母子家庭の小林大輝だった。物静かでクールなイケメン。母は精神的疾患で就労ができないという理由で、生活保護を受けていた。その母は男性の家に行けば、しばらく帰ってこない。大輝に生活費を渡すことすら、ほとんどせずに。家にいるのは、ケースワーカーの家庭訪問に合わせた数時間だけだ。

そんなことを大輝はポツリ、ポツリと三浦に打ち明けた。じゃあ、**大輝はほとんど、一人で暮らしているのか？　高校生といってもまだ15歳だ。それが親から全く放置されているなんて……。これってネグレクトそのものだし、よく聞けば身体的虐待もあるようだ。何より母親が息子の自分より男を取るってことが、大輝にしてみればどれだけつらいことか！**

ある日、その大輝から三浦に電話があった。

「先生、オレ、体調悪くて、お金もないので、学校に行けません……」

その声の弱々しさに三浦は心配でたまらなくなる。

「大輝、大丈夫か？　メシ、食べてるか？」

「はい、大丈夫です」

だがこの電話を最後に、大輝からの連絡が途絶えた。携帯にかけてもつながらない。居ても立ってもいられない。はっきり思った。**大輝のヤツ、絶対に餓死しかかっている。決めた。オレがあいつのところに行く。**職員室で三浦は言った。

「小林大輝ですが、連絡が全くつかないので、次の空き時間にオレ、大輝の家に行ってきます。何か、食い物を買って」

生徒指導主任の渡辺靖が、すぐに立ち上がった。佐野が赴任していたが、生徒指導のリーダーは前年に引き続き、渡辺が務めていた。渡辺はさっと茶封筒に自分の財布からお金を入れ、袋を隣の教員に渡した。受け取った教員もまたお金を入れ、こうして職員室を一周した封筒を三浦に渡し、渡辺は背中を押した。

「よし、これで、何か、買って行け！」


カツ丼は絶対に買うと、三浦は決めていた。チョコレートやクッキー、ポテトチップ、惣菜やおにぎりを何個も片っ端から袋に入れて、大輝の家に行った。

案の定、大輝は一人で寝ていた。

「大輝！　どうした？　大丈夫か？」

「母親が千円札置いて出て行ったまま、帰ってこないんです。その千円はとっくに使って、もう、ずっと水しか飲んでなくて。携帯代が払えないから電話もかけられなくて、近所のコンビニの公衆電話まで行く元気もないから、寝てたんです」

「そっか。わかった。食いもん買ってきたから、これ食べとけ。大輝、明日、学校来れるか？」

大輝が弱々しくうなずく。三浦は付け加えた。

「いいか、これもらったって、お母さんにわざわざ言わなくていいからな」

三浦は帰り道で、大輝の母親とすれ違った。よりによって、このタイミングで帰ってきたのだ。果たして大輝は、差し入れをどれだけ食べることができただろうか。翌日、学校に来た大輝は言った。

「あれ、母親に見つかって、『先生にこんなこと、させてんじゃないわよ！』って、先生がくれたもの全部捨てられて、母親、キレちゃって、めっちゃ、殴られました」

三浦は大輝の件を、渡辺と佐野に報告した。差し入れが暴力の呼び水となって終わったからだ。もはや一担任の力だけでは、大輝を守れるとは思えなかった。

結成されたばかりの「教育相談グループ」が中心となり、大輝の件でケース会議が開かれた。生徒指導からは渡辺と佐野、教育相談からは岡田、峰岸、学年からは担任の三浦はじめ、ほぼすべての教員と養護教諭、管理職の原田も加わった。とにかく今は登校できているので、このまま様子を見ることとなった。

三浦から大輝の問題を引き継いだ佐野は、登校した大輝に気を配り、登下校時には必ず声をかけていた。しかし再び、大輝は休みがちになった。家庭訪問に行こうと思っていた矢先、学校に弱々しい声でSOSの電話が入った。

「具合が悪くて、先生、オレ、もうマジで死にそう」

母はケースワーカーの訪問さえもどうでもいいとばかりに、完全に男性の家で暮らすようになり、たまに金を渡しに来るだけになっていた。体調を崩して外に出られなくなった大輝は空腹に堪えかね、米びつに残っていた生米をかじったという。そこにカビが生えていて食あたりを起こし、猛烈な下痢に襲われた。急激に衰弱した大輝は這って外に出て、アパートの住人に助けを求めた。大輝が頼ったのは母ではなく、槙尾高だった。

佐野はすぐに食料を持って駆けつけた。腹痛も治まり、何とかことなきを得たが、しかし、今回のような緊急時の連絡手段を確保しないといけない。携帯は持っているが、電話代が払えず使えなくなるからだ。佐野は大輝を連れて、近所の住人に頭を下げた。

「すみません。この子、携帯を持っていないんで、緊急の時に、こちらの家から学校に電話をかけさせてやってもらえませんか？　ほら、大輝もちゃんと挨拶するんだ」

「すみません、よろしくお願いします」

この事態を受けて再度招集されたケース会議では、児童相談所への通報を決めた。明白なネグレクトであり、生命の危険すらあったのだ。児相により一時保護してもらい、まずは一時保護所で身の安全をしっかりと確保する。

一時保護所は虐待、置き去り、非行などにより子どもを一時的に保護する施設だ。保護の観点から外に出ることは許されず、学校に行くこともできないケースが多い。

その後、保護者による養育は困難と判断されれば、国が保護者の代わりに養育する義務が生じる。これが社会的養護で、里親という家庭での養育か、児童養護施設など施設での養育という形をとる。都道府県知事が「措置」を決め、子どもたちはそこから学校に通うなど、新たな生活を開始することになる。

しかし、こうした教員たちの働きかけにもかかわらず、結局、大輝は槙尾高をやめて北陸にある親戚宅に移った。母の虐待を児相に通報することは、母を悪者だと公にするに等しいという思いが大輝にはあった。三浦は精一杯、説得した。

「大輝、これは虐待なんだ。児相で保護してもらおう」

「オレ、お母さんをそんなふうにさせたくないっす」

うまく支援につなげなかった――佐野も岡田も唇を噛んだ。

〈無事に生活してます〉

数ヵ月後に大輝から三浦へ入った携帯メールで、教員たちは安堵した。だが、今回のケースはたまたま引き取ってくれる身内がいたから、解決しただけのことだ。

実は槙尾高がこうして外部機関である児童相談所とつながったのは、この2009年からだ。それは夏休み、2年男子の川田陸の身に起きた事件が大きな契機となった。

6

「先生、おかあさんが布団から出てこない。息してない」

夏休みが始まったばかりの頃だった。朝9時、体育教師、山本康平の携帯が鳴った。

「同期の桜会」のまとめ役である年配の教師だ。

自分のクラスの川田陸からの電話だった。バドミントン部に所属していたが、体育会系とは程遠く、どこか頼りなげなところがある淡白な子だった。

「えっ？　おまえ、息してないって、どういうこと？」

「オレ、おかあさんが起きてこなくて、声をかけても返事しないから、部屋を開けたら……」

「おかあさん、息してないのか？　本当か？　川田、すぐに119番に電話だ。オレもすぐにそっちへ行くから。いいか、落ち着けよ」

車のハンドルを握る山本の脳裏に以前、陸が特別指導で謹慎になった時に家庭訪問をした光景が浮かぶ。母子家庭で母と2人暮らし、母はうつ病で仕事ができないという理由で、生活保護を受けていた。とはいえ、3DKの県営住宅は荒れている様子はまったくなく、こざっぱりと住んでいた。

40代半ばの母は自分の健康がすぐれないため、陸に母親らしいことができていないとひどく自分を責めていた。それが陸には鬱陶《うっとう》しくて仕方がない。以前から、こんな話を陸はよく山本に話した。

「先生、昨日、おかあさんとやりあっちゃった。バイトからオレが帰るのが遅いってごちゃごちゃ言われて、それでケンカになっちゃった」

陸は母親が重くて仕方がない。母は息子に何もできない負い目から息子にすがる。2〜3回、家庭訪問をしたが、山本にはこの空間で二人だけで暮らすのは、お互いにとって難しいことのように思われた。やがて、彼女ができた陸は、できるだけ家に帰るのを遅らせようとした。家にいたくなかったからだった。そんな矢先の出来事だった。

搬送先の病院に山本が駆けつけると、陸は一人、呆然と廊下のベンチに座っていた。山本を見た瞬間、陸は何かホッとしたような、すがるような表情を見せた。途端に、陸の眼から涙が滴り落ちた。

「先生、おかあさん、死んだって、さっき、お医者さんが言った。なんか、警察の人も来てる」

山本には言葉もない。

「そっか、そうなんだな」

「先生、おかあさん、前の日の夜、あり得ないぐらいの薬、飲んでた」

「そっか、そうだったのか」

自分が処方されている睡眠薬を大量に飲んだ、服薬自殺だった。

山本は泣きじゃくる陸の肩を抱き寄せる。

昨晩一体、何があったのか。山本は探りながら陸に問いかける。

「なんで？　どうして、おかあさん、薬を飲んじゃったの？」

「先生、オレ、おかあさんとその前にケンカしちゃった。それでおかあさんはおかあさんの部屋、オレはオレの部屋にいて、そしたら隣の部屋のおかあさんからメールが来た」

「なんて、メールだった？」

「『ごめんね。私はあなたに何もできなくて。いつもこうなって、こんなふうにケンカをして。私がいなくなれば、あなたに迷惑をかけることはないよね。ごめんね』って……」

「それでおまえ、どうしたの？」

「そのままにしてた。オレ、彼女とずっとメールしてた」

襖一枚隔てた隣の部屋で、その時、母親は覚悟を決めたのだ。それが息子にどんな残酷なダメージを与えるのかに思い至る余裕すらなく。

この日、槙尾では緊急の職員会議が持たれた。吉岡は全職員に川田陸の件を告げた。

「母子家庭で、母と2人暮らしの2年の川田陸。山本さんが担任だが、昨夜、母親が自宅で服薬自殺をし、今朝、本人が発見しました。本人、大変な状況になっているわけだから、学校全体で支えていかないと。まず夏休みをどうしのいでいくか、彼が学校に来る体制を作っていきましょう」

そのまま山本は母親の亡骸が運び込まれた団地の部屋で陸のそばにいた。通夜や告別式をどうするか。そして今後、天涯孤独となった陸をどうすればいいのか。

膝を抱えた陸が震えていた。怖かったのだろう。母のメールに応えなかった自分を責めていることがわかるだけに、不憫《ふびん》だった。姉がいるが、結婚していることもあって、弟まで抱え込めない。離婚した父は一切、面倒を見る気はなかった。

告別式に参列した生徒指導の佐野もまた、陸を支えた。

「埋めちゃった」って、陸が言うんだよ。茶毘《だび》に付したおかあさんのお骨を。どうしていいかわからないから、団地の土を掘って埋めたって。それを掘り起こさせて。ああ、これはもう本腰を入れて彼を支えないといけないなって。そこから、行政に支援を要請して……。

福祉事務所、児童相談所と関係機関に教師たちは掛け合った。

陸の希望は、「この団地に、このままいたい」。しかし母が亡くなった以上、退去するしかないというのが、生活保護を担当する福祉事務所の結論だった。県営住宅の借り主は母だ。息子とはいえ、自動的に住む権利を受け継ぐことはできない。その住宅は県に返す必要がある。しかも、18歳未満は借り手にはなれない。

じゃあ、どうするのか。山本は、児相で働いた経験のある峰岸涼子と一緒に、何度も児童相談所に出向いた。槙尾の教員たちが初めて児相とのやり取りをするにあたり、峰岸の存在は大きかった。5年勤務していた峰岸は、児相がどのような組織なのか、よくわかっていた。児童福祉司１人が１００件以上のケースを抱える中、高校生でしかも通学可能な子の場合、緊急の優先順位はどうしても低くなってしまう。児相に丸投げするのではなく、学校はここまでできると、役割を分担していく必要性を峰岸は説いた。

陸のケースで初めて、児相という外部機関との連携を教員たちは経験する。児童養護施設は基本、18歳までの子どもが対象のため、17歳の陸の入所は難しいというのが、児相の判断だった。

児相と話し合った結果、「自立援助ホーム」という、児童養護施設を出た子を対象にした、20歳まで入所できる施設が陸にはいいだろうという話になり、そこから学校に通うことなった。施設へ入所するまでの期間は山本や佐野、峰岸が家庭訪問を頻繁に行い、できるだけ、陸を一人にしないように努めた。

夏休み期間中だったため、教科ごとに教員たちが勉強を教えるという名目で、陸を学校に登校させた。少しでも胸の内を話せるように。一人で思いつめないように。各教科の教員たちは、今日は数学、明日は英語とうまく連携して、登校が途切れないようにして陸を支えた。

「川田、先生に何でも言っていいんだよ」

「川田、無理することはないぞ」

岡田は、陸が母の思い出を泣きながら教師に話すのをそっと見守った。どれだけ精神的に深く傷ついているか、どうしたら助けとなれるのか、支えられるのか、どの教員も同じ思いだった。

それは、2学期になっても変わらなかった。

「山さん、川田、どうしてる?」

校内の廊下ですれ違うたびに、いろいろな教員が山本に声をかける。

「施設の生活にも慣れて、だいぶ落ち着いてきたよ。先生の授業ではどう?」

「淡々としてるけど、がんばってるよ」

こういう教員同士の声かけがさらっとあるのが、山本にはうれしかった。一人じゃない。それぞれが分業という形で、学校全体で陸を支えていることがひしひしと伝わってきた。山本は改めて強く感じた。

気になる生徒のことを、職員室でふらっと教員たちが集まって話し出す。そうやって情報を共有しながら教員全体で生徒を支えるんだ。

いつのまにか、これが槙尾の日常になっていた。わざわざ会議まで開く必要はない。気になる生徒がいれば、教員たちが、ふらっと集まって話し出す。

「さっきの授業で莉子《りこ》、イライラしているみたいだったけど、何かあるのかなぁ？」

「おかあさんとケンカしたみたいで、昨日、家に帰っていないみたいなんだよね」

職員室の机まわり、昼食の食事コーナー、あるいは廊下で教員同士が気になる生徒のことを話し、情報を共有していく。

「山崎と水野、またケンカしてるみたいだよ」

「ちょっと、様子見だね」

「どちらかが教室を出ちゃうようなら、廊下巡回の先生に気をつけてもらうしかないな。戻らないと言うようなら、無理に教室に戻さないで、そばについていてもらうようにして」

このように正式な会議ではなく、ふらっと集まって話すことを、槙尾では生徒に対する積極的な立ち話として、正式な会議と同等に重要視する。以前から教員同士の対話が盛んで、情報交換が頻繁に行われてきたが、その発展形として校長の吉岡が「教育相談」体制作りにおいて、特に重きを置いたものだ。この積極的な雑談は、雑談的な情報交換もあれば、心配な生徒の場合、教員たちが次の行動を確認しあう場ともなった。

3年に進級した陸は、山本のクラスになった。引き続き持ちたいという、山本の強い希望だった。陸は何かあると、山本のところに来ていろいろな話をした。

「先生、昨日、施設の人に『協調性がない』って言われた。協調性って何？　あのさぁ、昨日、施設で料理を作るみたいなのがあってさ……」

前の日に施設であった出来事を、陸は脈絡なく、とりとめもなく話し出す。一とおりすべて山本に話すとすっきりするのか、陸は帰っていく。こうして欠席をすることもなく、陸は槙尾高に通い続けた。

脈絡もない、とりとめのない話は、家庭内の会話そのものだ。無駄話でもしょうもない話でもいい。そんな話が自然とできる場が多分、人間には必要だ。母を亡くした陸には、気負いなく思ったまま話せる人がちゃんといた。それが担任の山本だった。

学校全体で陸を支え、陸は何とか無事に卒業した。卒業後は、介護職の正規職員として働くことが決まっていた。川田陸はこう言い残して、槙尾高から旅立った。

「これからは、人生、いいことがあるような気がします」

20歳まで入所可能な施設だったが、陸はほどなく自分で稼いだ金でアパートを借りて、施設を出た。自立する力が、陸にちゃんと備わっていた証だった。

母を自殺という残酷な形で亡くし、天涯孤独の身となった川田陸を支えるということを通し、槙尾の教員たちは多くのことを学んだ。校長の吉岡はつくづく思う。

「全員が彼を心配して、どうやって支えるかを、あの事件を通して教員たちは学習した。どういう動き方をすればいいのかを。解決まで全員が協力しあって、知恵を出しあっていく。場当たりという言葉があるが、重要なのは場に当たって逃げないことだ。その場その場で的確に判断し、どうつないでいくか。事件を経験すればするほど、力量が高まるってことをみんなが知った」

7

「校長、ヒマ？」

男子生徒が校長室にふらりとやってきた。

「校長、うちの学校って、最後だけマジにやらせて卒業させるってのがあるじゃん。あれってておかしくね？　授業についていけないんだから、もっと最初から補習すればいいじゃん。ふざけるなだよ」

男子生徒は補習システムへの不満を訴えにきたのだ。卒業が危うい生徒を対象にした、何とか卒業させるために行う補習だけではなく、1年の時から、わからないところをわかるようにするための補習をなぜしないのかと校長に直訴に来たわけだ。

「確かに、そうだな」

「なんだ、わかってんのか。わかってんなら、補習、最初からちゃんとやれよ」

「わかった。考えてみるよ」

生徒が鋭く感じているように、次の課題は補習だった。卒業自体を目的とした補習ではなく、早期から困っている生徒を対象に苦手科目を克服できる仕組みを作らないといけない。教員たちもそれはわかっている。前年度末に岡田玲子が職員会議で異を唱えた、「教科書を写させる」だけという夏休みの補習では、生徒のためにならないこともわかっていた。しかし代案がないと変えようがない。

校長が、つまりトップダウンの形で意見を出せば、教員が遠慮してしまう。ここはトップダウンで行くのではなく、試行錯誤の末に作った方がいい。そうじゃないと続かない。

ゆえに吉岡は、岡田玲子を中心とする学習支援グループに任せたのだ。

岡田は考え抜いた末に、「補習ＡＢＣ」という案を職員会議に提出した。「補習Ａ」は、学力の乏しい子を対象にした、日常的に行う補習。「補習Ｂ」は、前期の成績を対象に赤点のラインにいる子に対して9月に行う補習。「補習Ｃ」は、年間の成績を対象にし、赤点がつくだろうという子に対して、年度末に行う補習だ。このような3種類の補習を岡田は提案した。

これまでは夏休みに行う「懲罰的な補習」と、年度末に行う「進級・卒業させるための補習」の2つだったが、前期の成績を踏まえた9月の補習と、年間の成績を踏まえた年度末の補習を行いつつ、日常的に行う補習を加味することで、恒常的に赤点をつけなくてすむような学力にまで引き上げられないかと考えたのだった。

案の定というべきか、会議は荒れに荒れた。岡田は激しい抵抗に遭う。

「赤点になるって、その基準をどうするんだ？」

「赤点になる生徒とは、どのような生徒なんですか？」

「ＢとＣの補習期間はどれぐらいで、いつやるのか。この忙しいのに、一体、いつやるんだ？」

ある意味これは、岡田にとっては想定内のことだった。

これって、先生たちに「もっと、やれることがあるでしょう？　やりましょうよ」って、喉元に突きつけているようなものだから。裏を返せば、「やれること、やっていないんじゃない？　やってくださいよ」というメッセージだから。当然、叩かれるのはしょうがない。

激しい抵抗を見越した上での提案だった。

ただし、「補習A」、つまり日常的な補習プランは、「いいんじゃない？」と共感を得て、すんなりと会議を通り、主に1年生を対象に、数学の補習からスタートすることとなった。早稲田大学からボランティアの学生に来てもらって、マンツーマンで勉強を見てもらうという学習スタイルを提案したところ、とにかく試しにやってみようと会議を通過した。「大学生なんかに教えさせて大丈夫なのか？」といった反対意見がなかったのは、これまでに侃々諤々、議論を重ね、試行錯誤してできたものだからだと、吉岡は見ていた。アイデア会議でも、外部資源の活用の必要性は多くの教員から出されていたことだった。

教員志望のサークルの大学生が、学習支援ボランティアとして槙尾高を訪れ、放課後、生徒にマンツーマンに近い形で教える。これが今日も続いている「槙尾ゼミ」の始まりだった。生徒は机に向かい合って座り、教員が用意した補習用のプリントに取り組んでいくのだが、各机には教員や学習支援ボランティアが必ず1名以上入るため、わからないところは聞きやすいようになっている。

ある女子生徒が、直角三角形の斜辺の長さを求めようと苦戦していた。

「ああ、もう、全然、わかんない」

男子大学生が生徒に寄り添う。

「12の2乗は？」

「24」

「そうかなぁ。筆算してごらんよ」

「あ、144？」

「そうだよ。さっきみたいにして縦の2乗と足してみて」

補習の対象となった生徒は、前期の中間試験で学力が低かった子たちだ。友達は普通に帰れるのに、自分だけが放課後に残って勉強しなくてはいけないことに抵抗があったものの、大学生から丁寧に教えてもらえることを知って喜んだ。生徒たちは喜んで参加するようになった。親切な大学生のお兄さん、お姉さんに教えてもらえるのだから、ある意味、人気が出るのも当然だった。これに「わかる」喜びがプラスされた。岡田は生徒たちの喜びを間近で見ていた。

「岡ちゃん、あたし、これ、中学の時、わかんなかったんだよ！　わかんないのに、放っておかれてたんだ」

「三平方の定理、できるようになったの？」

「うん！　わかるようになって、すごくうれしい！」

最初の年は数学を5回行い、60名の生徒が対象となり、学習支援ボランティアの学生は13名だった。翌年になると数学7回、英語2回、化学2回までに拡大、対象生徒は１４０名、ボランティアの数は26名、2年後には生徒は１５５名、ボランティアは57名と、年を重ねるごとに広がりを見せていった。

岡田は手応えを感じた。

このシステムは、教える大学生にとっても、すごくよかったと思う。教員志望の子たちが、こういう高校生の存在を知るのは、とても大きな意義がある。生徒たちにしても、ちょっと強引に机の前に座らせるんだけど、いざ勉強をやらせると、「わかって楽しい！」に変わる。「わかったー、うれしいー！」っていう子に、たくさん出会うようになって、私も本当にうれしい！

このほとんどが、中学では疎外されていた子たちだ。勉強がわかる、わかると面白い、勉強は楽しいという、初めての経験をここで得た。わかれば誰だって楽しい。今まではわかるように教えてもらってこなかったのだ。

「補習A」の効果は絶大だったし、生徒たちにも大好評だった。大学生ボランティアによる補習は内外で評判となり、他校から視察に来るまでとなった。

補習Aの成功もあって、懸案の「補習B」と「補習C」は激しく揉めたものの、なんとか職員会議を「やる」方向で通過した。実際に試したところ、たしかに赤点は激減した。

ところが、あまりに教員側の負担がきつすぎて、職員会議で不満が噴出してしまった。

「岡田先生、補習BとC、やってみましたが、これはもう、無理ですよ。そのための時間を取るというのが致命的に難しい。限られた人数と時間で、土台、これは無理ですよ」

それでなくても、生徒の問題行動への対応など、教員たちは細切れの時間で動いている。岡田にもそこまで教員に要求するのは、酷であることがよくわかった。

「わかりました。私も、確かに難しいと思います。これからは、赤点になりそうな子にカードを渡して警告するという形にしていきましょう」

教員への負担の大きさが、「補習B」と「補習C」のギブアップへとつながった原因だった。

それでも、教科書をただ写すという懲罰的な補習は、槙尾高から消えた。大学生が高校に学習ボランティアに来るという新たな試みの意義を、全教員が目の当たりにしたことになる。

補習の不満を訴えたあの男子生徒が、大学生による補習が始まってから校長室にやってきた。

「校長先生、すごいじゃん。やっちゃったんだ！」

うん？　いきなり校長「先生」か？　笑いをこらえて吉岡は答える。

「あったぼうよ。舐《な》めんじゃねえよ」

「あれってさ、オ、レ、た、ちが作ったんだよな」

「オレたちって、オレとおまえのこと？」

「そう。『この校長、何か言えば、いろいろ考えんじゃねえの？』っていう噂があるから言ってみたら、やっぱ、できたじゃん」


県教委はここで正式に、学習意欲を高める全日制普通科課程について、来年度からの導入に向けて準備していることを公表した。スタートするのは予定どおり槙尾高校を含む5校で、その新たな高校は「再チャレンジスクール」と名付けられることが決まった。文字通り、中学まで疎外されていた子どもたちが、やり直せる学校を意味していた。

8

「たいちー、萌ちゃんがやばいよー」

職員室にいる三浦太一のもとに、クラスの女子生徒が呼びにきた。若手教員の三浦は、生徒たちから下の名前で、しかも呼び捨てで呼ばれている。教室に行ってみると佐藤萌がふらふら、へらへらしている。千鳥足で足元が覚束《おぼつか》ない。

「たいちー、萌、お薬、飲みすぎちゃった」

萌は母子家庭で、母が精神的に不安定で精神科の治療を受けていた。その母の薬を大量に飲んで、酩酊状態になったというわけだ。抗不安薬ではなく、抗うつ剤など強い薬効のものと思われた。

すぐに家まで送っていかないといけない。しかし教師が生徒を自分の車で送るのには制約があり、タクシーを使わないといけないのが決まりだ。萌の家はタクシーで片道500円はかかる。おまけに経費として出るのは片道だけ、帰りの分はない。

職員室で、じゃあ、萌をどうしようと考えあぐねていた時、渡辺靖が決断した。

「いいよ、もう。往復タクシーで行け！　帰りもタクシーを使ってこい。とにかく早く行け！」

タクシーの中で、三浦はつくづく思った。

やっぱり、ヤスさんは槙尾の要石だよ。ヤスさんが言うならそうなんだって誰もが納得するし。このタクシー代、どっからどうやって出るのかわからないけど、ヤスさんが言うならそうなんだよ。

萌を送り届け、応対した母親はおろおろと謝るばかり。**このおかあさん、悪い人じゃない。ただもう少し、母親として娘のことを気にかけてほしい。自分が大変なのはわかるけど……。だってまだ、子どもなんだよ。**込み上げてくる思いは止めどなくあったが、三浦はこう言うしかない。

「とにかく、薬の管理だけはちゃんとしてくださいね」

母親が精神的に不安定だと、子どももまた不安定になる。母親が自分のことで精一杯なために、受け止めてもらえなかった寂しさや自己承認欲求から、萌は薬を大量に飲んでしまったのだろう。そんな萌がかわいそうでたまらない。

担任を持って1年も経っていないというのに、三浦は強く思った。

「この子たちを見ていて、本当に思う。オレが萌や大輝の立場だったら、絶対にがんばれないよって。大輝だって萌だって、この子たち、みんな18歳未満なんだよ。保護されて大切にされるべき子どもなんだよ。この子たちを自己責任とか言って、高校が切ってしまうなんてあり得ない。公教育こそ、この子たちのセーフティーネットにならないといけない。キレイごととかじゃなくてさ、それが公教育というもんじゃないの？」

佐藤萌は教員たちの支えで、成績も出席日数もギリギリだったが、何とか無事に卒業した。4年後、その萌から突然、三浦のもとに電話が入った。

新採用は5年しか1校目にはいられないのがA県の最近の慣行で、別の高校に移った三浦が打ち合わせをしていた夜のことだった。

「先生？　佐藤萌です」

「萌、どうした？」

「先生、うちの子が死んだ。2人目の子が。いろいろあって大変で、でもようやく少しだけ落ちついたから、先生にお見送りに来てほしい」

卒業してから、初めて受けた連絡だった。子どもが死んだって？　一体、何があったのか、電話ではとても聞けなかった。

「わかった。すぐに行くよ。萌、ありがとな、連絡をくれて。先生、すぐに向かうから」

三浦は急いで、教えられた自宅に駆けつけた。小さい部屋に、上の子だという幼子を抱いた萌がいた。22歳で、すでに2人の子の母となっていた。横にいる夫だという若い男性が、丁寧に挨拶をしてくれた。三者面談でも家庭訪問でも何度か顔を合わせた、萌の母親が深々と頭を下げた。

乳飲み子の遺影のかかる祭壇に、三浦は手を合わせた。

「先生、突然死だった。私、もう訳がわからなくて、どうしていいかわからなくて……」

原因不明の突然死、まだ1歳になったばかりだったという。わが子を理不尽に喪《うしな》った悲しみはどれほどのものなのか、泣きじゃくる萌の姿に胸が張り裂けるような思いだった。

通夜、告別式、初七日と一とおりの儀式は済ませたが、心の整理がつかず、三浦に連絡をしたのだという。

「あたし、先生にどうしても来てほしくて、この子を先生に見送ってほしくって……」

あの時、オレはなんて声をかけたんだろう。何も言えなかった。なんて声をかけていいか、さっぱりわからなかった。それでも何とか、オレは言葉を振り絞った。

「萌、どうしようもなく悲しいだろうけど、でも、この子の分まで、がんばって生きないと」

何より、ここでオレを思い出してもらえたことがありがたかった。なんか、もう、本当にありがたいなーって。ありがとう、萌。教員になって初めて持ったクラスの子、オレは新米のダメダメ教師だったというのに……。

母親に受け止めてもらえなかった萌を、三浦をはじめ、槙尾の教員たちが真正面から受け止め、「萌は大事な子なんだよ」とメッセージを送り続けた3年間。寂しさの穴埋めを求めるしかなかった少女が母となり、わが子を見送る悲痛に、どうしても立ち会ってほしかったのが担任、三浦太一だったのだ。

9

この年の秋、前代未聞の男子バスケットチームが槙尾高校に出現した。

奇跡のチームの誕生は1年前、バスケ部顧問、山本康平の息子がこう意思表明したことから始まった。

「おとうさんと一緒にバスケをしたいから、オレ、槙尾に行くよ」

山本は必死になって息子を止めた。

「ランクを落としてまで、なぜ、槙尾に来るんだ？　大体、バスケで選ぶ学校じゃないぞ」

なぜか、山本ジュニアの小学校以来のライバルたちも呼応した。

「みんな、山本のオヤジのところで、バスケ、やろうぜ」

中学で、A県選抜チームに選ばれた子もやってきた。山本が赴任した時には部活自体が成り立たない状態だったのが、一気に20人の大所帯となり、２００９年秋、その彼らが主力となった。

1番ポイントガードは山本ジュニア、身長173センチ、機転が利くチームの調整役。バランス感覚が抜群にいい。

2番シューティングガードは山本ジュニアのミニバスケットボール以来のライバル、身長175センチ、シュートがうまく洗練されたプレーが特徴。

3番スモールフォワードこそ、山本曰く「隠れた逸材」。身長183センチ、しなやかなプレーが特徴のスリーポイントシュートの名手だ。後に、県の国体メンバーにも選ばれている。

4番パワーフォワードは、ゴリラのようながっちりした体格で身長185センチ、コツコツとリバウンドをがっちり取る。

5番センターは中学で県の選抜メンバーになったバスケ・エリート。身長186センチ、ゴール下のプレーが抜群にうまく、リバウンドにも強く、確実にシュートを決めるスター選手だ。

山本は「これで勝てる」と思ったら、どんどん控えの選手も起用した。ある意味、槙尾らしさが出るのはこんな時だ。ディフェンスにせり負けたりシュートが入らなかったりするとキレて、ボールを蹴ったり、床に叩きつけたりする。ベンチに戻すと椅子をバーンと叩き、コップを投げつける。

そんな時、山本はその生徒の胸ぐらをつかみ、体育館から放り出す。

「ふざけるな。何様のつもりだ。恥ずかしいんだよ、そういうことしていたら。もう、オレたちは観客席がある場所でやってんだ。勝ち続けてるんだからな。上から、おまえのやってること、丸見えなんだ。『やっぱり、槙尾だ』って言われるだろー！」


県予選・地区大会の決勝戦まで勝ち進んだ槙尾の相手は、お坊っちゃま校で知られる、名門私立進学校。場所は、私立高校の体育館。地区30校を相手に、勝ち抜いてきた2校だった。

槙尾高は傑出した選手がいるようなチームではない。全員で走り、守り、協力していいシュートを打つというチーム。前半は速攻主体の相手と五分五分だが、後半になると槙尾らしさが俄然、発揮される。1番のポイントガードから3番へ速いパス、一気にゴール下へ入り込みランニングシュートを鮮やかに決める。4番がリバウンドを取り1番へ渡すや、ゴール下の5番へ速いパス。パスさえ通れば、5番は確実にシュートを決める。3番のスリーポイントシュートがスパスパ入り、2番がドリブルで切り込み、職人技のようなシュートを小気味よく決める。点差がどんどん開き、槙尾の一方的展開となっていった。

応援席にいる、校長の吉岡は興奮を禁じ得なかった。

「まるで、『スラムダンク』みたいなチームなんだよ。桜木花道みたいなのがたくさんいる。向こうは控えの選手も含め、全員がいかにも栄養が行き届いて、体格も良く、ちゃんとしたスポーツマンといったタイプ。こっちは、痩せぎすのでこぼこ。ぶっちゃけ、保護者の階級が全然違うし。だけどあのとき、名門お坊っちゃま校は、どうやっても槙尾に勝てなかったんだよなー」

三浦太一もまた、槙尾の応援で会場にいた。かつて塾講師をしていた時の教え子の親たちが、相手側の応援席にいた。自分も昔は向こう側にいた人間だった。経済的にも家庭的にも満たされている生徒たち、親の階層がまったく違う。

その名門私立を、うちの子たちが破ったんだ。あんなに気持ちのいい試合はないよ！痛快すぎる。山本先生はすごい。自分の息子を槙尾に入れるって、オレ、自分ができるかって言われれば正直難しい。なかなか、できることじゃない。それにしても、あのチームはシビれるほどカッコよかった！

試合終了後、相手の監督が山本に言った。

「山さん、うちも考え直さないといけないなって思ったよ。うちは曲がりなりにも名門高校だ。勉強もトップでいないといけないが、スポーツだってそうだ。失礼かもしれないが、槙尾あたりに負けてちゃいけないんだ」

しかし、その名門高校はこの年、槙尾に一度も勝つことはできなかった。

秋の新人戦、県大会に進んだ槙尾高はベスト4をかけた試合で、全国大会常連の強豪高校に20点差で完敗した。それでも槙尾の歴史にいまだかつてない、県大会ベスト8という栄光を刻んだのだ。

10

２００９年秋は、男子バスケチームの快進撃に匹敵する、前代未聞のことが槙尾で起きた。

「校長、大変なことが起こっていますよ」

２階の職員室にいる原田から、電話が入った。

「え？　何？」

「今、そちらに行きますから、お待ちください」

校長室にやってきた原田の顔が、やけに紅潮している。

「校長、異動希望ですが、ないいいいんですよ」

「え？　ない？」

「はい、ゼロです。来年度、誰も槙尾からの異動を希望しておりません」

この時点で教員たちは、次年度から槙尾が「再チャレンジスクール」になることはわかっている。次の入試は学力考査をせず、面接で取るということも。今までにない高校を作るという新しいチャレンジを、面倒だとか大変そうと回避する手もあるのに、その身で担おうと全教員が固い意志を示していた。

おそらく異動希望ゼロというのは、A県の教育史上でも初めてなのではないか。吉岡にとっても、にわかには信じがたい事態だった。

吉岡は飲むたびに「絶対に移る」と言っていた教員のところに行き、敢えて確認した。

「先生、移るんじゃなかったの？」

「え？　校長、出てけって言うんですか？」

「じゃあ、なんで、いることにしたの？」

「なんかね、この学校、これから面白くなりそうじゃないですか。それを見ておきたいなと思って」

県教委も、槇尾の「異動希望者ゼロ」に驚愕した。校長が教職員人事課に出向き、教科ごとに異動希望者を報告することになっているのだが……。

「今年はうち、異動希望、ないですから。ゼロです」

「え？　ない？」

「ないんですよ」

「ないって、なんで、ないんですか？」

「いや、オレも忙しいから、もう帰るよ」

「ちょっ、ちょっと待ってください。吉岡先生、ちょっと話していきましょうよ」

2010年春、再チャレンジスクールの開始にあたり、槙尾では盤石の布陣を整え、1期生を迎えた。

学年主任に渡辺靖、8人の担任団に入るのは、岡田玲子に峰岸涼子。そして渡辺靖が抜けた後の生徒指導主任に、佐野修司。

いよいよ、再チャレンジスクールという新たな高校が始まろうとしていた。

5　再チャレンジスクール

1

２０１０年春、槙尾高校に再チャレンジスクール１期生が入学した。学力考査を行わない初めての入学試験だったが、競争率は3倍に達し、皮肉なことに開校以来の激戦を勝ち抜いた生徒たちとなった。

この入試は2月中旬に、3日間かけて行われた。合否は本人の作文と面接で判断されるのだが、応募者全員に面接を行うには、それだけの時間が必要だったのである。

「再チャレンジスクール」という枠を打ち出したA県教育委員会が示した選抜基準は、「関心・意欲・態度」というものだ。それゆえ、中学の成績は考慮しないが、宿題やレポートなどの提出物を含む生活面は評価の対象とされた。再チャレンジスクールになってから生徒の男女比が逆転したのは、女子の方がきちんと提出物を出すなど有利な点があるからだった。

新たな仕組みの学校がスタートするにあたり、校長の吉岡博史は至ってマイペースだった。

「再チャレンジスクールになったからといって、教師が何か特別なことをするワケじゃない。今までやってきたことを丁寧にやっていくだけ。入学時から、生徒の話を丹念に聞いていくという――」

ただし、重要とされるポイントはあった。「学年団」という、担任・副担任、そして学年主任で構成される「チーム」をどう作るかである。

そもそも槙尾のような学校では、学年団を編成すること自体が難しい。吉岡は十分、その困難さをわかっていた。なにしろ問題ばかり起こる高校で担任を持つというのは、〝地獄の3年〟を覚悟するに等しい。加えて再チャレンジスクール1期生という、新たな枠組みをくぐり抜けてきた生徒を迎えることになるのだから、相当の覚悟が教員側に要ることになる。

しかし意外にすんなり、再チャレンジ1期生の学年団は結成された。鍵を握ったのは、学年主任という、学年団のリーダーを誰にやってもらうかなのだが、吉岡と、教頭を2年務め、今年度から副校長となった原田憲介には、あらかじめ目星をつけておいた人物がいた。生徒指導主任という、槙尾高全体の「刑事部長」ともいうべき役割を担っていた渡辺靖だった。渡辺が学年主任となって生徒指導を離れても、槙尾にはすでに原田がリクルートした生徒指導のベテラン、佐野修司がいる。

年が明けた頃から、夜に仕事を終えて自宅でくつろいでいる渡辺の携帯が鳴るようになった。決まって、教頭の原田憲介からだった。

「いま篠立沢の蕎麦屋でさ、吉岡さんと飲んでるんだけど、ねえ、渡辺さんもちょっと来ない？」

ああ、また教頭の調子のいい、人たらしの声だ。渡辺は一旦帰宅したにもかかわらず、しかも夜の10時だというのに、電車で30分はゆうにかけて、また篠立沢まで戻って行く。こんな時間になぜ、のこのこ出かけていくのか、渡辺にははっきりとした理由があった。あの二人は珍しく、尊敬できる人たちだ。だから、いろいろな話を聞いてみたい——素直にそう思った。

酒も進み、二人の話はすでに佳境に入っている。渡辺がやってきたことで、会話はさらに熱を帯びる。普段は物静かで「だらっ」としている吉岡が珍しく、アツく語る。それは目前に迫った新たな学校づくりのことだった。

「渡辺さん、新しいこの学校には学力試験がないんだよ。だから勉強に自信がない子ばかりが入ってくる。中学ではソッポを向かれ、いてもいなくても周囲から気づかれないような子。勉強しようと思ってもできなかった子。そういう子たちがさ、もう一回、わかるようになる学校づくりをしたいんだよ」

原田が続ける。

「勉強ができなくて、いてもいなくても同じだったという子どもたちの、受け皿としての学校づくりをさ、今までの槙尾の土台の上に作っていくわけだよ」

中学で疎外されていた子どもたちの「受け皿」としての高校——これって、今までにない高校じゃないか。渡辺は、なんだかワクワクした。

中学で勉強ができなかった子たちが、勉強がわかるようになる学校、ソッポを向かれていた子たちがちゃんと受け入れられる学校。できなくてもやる気のある子たちが、中学校の内容でもいいから勉強がわかるようになって卒業していく、それが「再チャレンジ」っていう意味なのか。

ほどなく二人から、再チャレンジスクール1期生の学年主任を受けてくれないかという打診があった。渡辺は思いを巡らせた。

「周囲を見渡すと、担任にふさわしい先生もたくさんいるし、自分は槙尾での経験も長いわけだから、学年の責任者である学年主任でもいいのかもしれないいな」

2月中旬の休日、渡辺は二人に誘われて大阪へ1泊2日の小旅行に出かけた。「学会の発表を聞きに行く」という名目だったが、着くやいなや昼は新世界で串カツと生ビール、午後に学会の発表を聞き、夜は梅田でおでん。翌日の午前中は大阪城を眺めながら公園のベンチでビール、昼はコリアンタウン・鶴橋へ。渡辺は「やられた」と頭をかく。

「学会なんかじゃないよ、彼らの目的は。お酒だよ、絶対に。ああ、すっかりたぶらかされた。だけど、うれしかった。彼らが、オレを信用してくれたんだ。飲みながら話すのも全部、これからの槙尾のこと。吉岡先生お得意の支援教育と、原田さんの居場所としての学校づくり……。いやあ、最高に楽しい道中だった」

渡辺の心が定まった。

学年主任、やってみよう。犬と一緒で、「好かれているかどうか」にオレ、意外に敏感で。嫌われてるなと思うと、つかみかかるタイプだから。

こうして、再チャレンジ1期生の学年団が編成された。学年主任には、渡辺靖を生徒指導主任からコンバート。2年間、教育相談コーディネーターとして担任を持たずに邁進してきた岡田玲子も満を持して担任を持つ。児童相談所での勤務経験をもつ、峰岸涼子もそうだ。担任団の構成は男女比が半々、ベテランが6人、若手が2人とバランスもいい。1学年の学年団は、担任8名、副担任8名、学年主任と養護教諭の計18名という構成となった。

槙尾では生徒を支援していくために複数担任制を敷いているが、学年主任は学年全体を統括し、個々の担任のサポートも行うため、クラス担任を持たないことになっている。ちなみにこの年度から「生徒支援部」に変更された旧「生徒指導部」の主任もまた、すべての学年の生徒指導を統括するために、クラス担任から離れたポジションであることが槙尾では不可欠だった。

渡辺靖は、学年主任を受けるに際し、一つのことを決めた。

「オレが親分だ、オレがお山の大将なんだという姿勢を貫いていこう」

入学式で、渡辺は新入生に挨拶をした。マイクなんか使わない、常に地声で話すのも渡辺の流儀である。その方がまっすぐ生徒たちの心に届く。

その渡辺が壇上に立った時、ざわめきが起きた。

「あれ、あの人、知ってる。また、出てきた。知ってるオジサンだ」

入学式からでは遅い——これが渡辺の考えだ。学校説明会の段階から、渡辺は槙尾高志望の中学生たちの前にどんどん立った。槙尾高に入る前から、自分の言うことを聞いていればなんとかなると、中学生たちを「洗脳する」のが渡辺のやり方だった。

再チャレンジ1期生を前に、渡辺はこう宣言した。

「いいか、学年主任のオレが親分だ、ここのお山の大将だ。オレが決めたことを破るのは、絶対に許さない。オレが決めたことは、絶対だからな」

力ではなく、言葉で「服従」させた。新入生に向かって話す渡辺には、痛切な思いがあった。**高校生活というのは3年間だ。これより、長くても短くてもいけない。オレはたくさん**

見てきたんだよ。手前で終わった子、それを超えた子を。高校だから、問題を起こせば学校に来られない時間が出てくる。今、オレの前にいるどの生徒にも、そんな思いを味わってほしくないんだよ。

不思議なことに、「入学前から子どもたちと関係を作る」という方針は、渡辺から生徒支援主任を引き継いだ佐野にも共通する。

槙尾に入る前から、生徒の全容を把握しておく。これが、佐野の生徒指導の鉄則だった。学校説明会が2回、文化祭、出願、入試と、中学生たちは多い子で5回は槙尾へやってくる。佐野はとにかく、槙尾にやってきた中学生に声をかけ、顔をしっかり覚える。入学式で、「はじめまして」では遅い。そこから、生徒と関係を作るようでは間に合わない。どの生徒も困難な問題を抱えている。入学した時から胸襟を開いて、悩みを話してくれる関係を作っておかないといけない。

佐野のところには、槙尾高を落ちた生徒たちも遊びにやってくる。

「おまえ、今、どこの高校に行ってんの？」

「え？　オレのこと、覚えてんの？」

教師にそこまで目をかけてもらったことがない、また、家庭でもちゃんと面倒を見てもらえていない子どもたちが、すっかり佐野に懐いてしまう。まさにこれぞ「人たらし」の極意だ。

　渡辺は生徒だけでなく、学年の教員に対しても、自分の決めたことは絶対だと一本の筋を通した。その代わり、決めたことについては、何をおいても自分が責任を取るつもりだと。

　槇尾で初めて担任を持った峰岸涼子も、渡辺靖という学年主任の存在に助けられた一人だ。

「槇尾では、学年リーダーの役割がすごく大きい。担任一人では抱えきれないほど、問題が大きいから。親と会う時も必ず、同席してくれて、『学年全体で見ていますよ』と伝えてくれる。渡辺さんのような人がいてくれると、安心して生徒とぶつかることができる。後ろにいて、ちゃんと収めてくれる人がいるから」


　再チャレンジスクールになったことで、明らかに生徒の質が変わった――そんな実感が渡辺にはあった。

　ここ数年の合格者と比較しても、明らかに基礎学力に課題のある生徒が多かった。この傾向は特に数学と英語に顕著だった。しかし、これまでと最も違うのは、授業への参加意識の高さだ。生徒たちを見て、渡辺は痛感した。

「倍率が高いぶん、それだけ意欲のある子が入ってきた。勉強はできないけど、槇尾に行けば何とかなる、何とかしたいという前向きの子たちが多くなった。『何とかして！　何かスイッチを入れて！』と。『勉強、わかるようになりたいの、高校生活、いっぱい楽しみたいの』って思いが、ビンビンに伝わってくる」

「親分」「お山の大将」と宣言しておきながら、渡辺が実際に心がけたのは、生徒に歩み寄っていくことだった。決して、高みから見下ろすのではない。ほどなく渡辺は、「パパ」になった。あの子もこの子も、甘えたい生徒ばっかりだった。大人に甘えることができなかったという、これまでの裏返しだった。

生徒の個人情報を記した「生徒カード」を見れば、家庭の状況がすぐにわかる。母子や父子のひとり親が半分以上、親の名前がカタカナという外国籍の子も多い。

実際、蓋を開けてみれば再チャレンジスクールになったことで、A県全域から家庭に困難を抱えた子が集まってきた。2時間ほどかかる遠方からの通学者も少なくない。国語の入試が無くなったことで、外国籍の子や外国にルーツを持つ子の入学も容易になった。

親の母語が日本語ではない生徒に関しては、1年の職場体験を実現させた社会科教師、水谷香織が中心となり、生徒指導の面談に通訳を入れるなどしてきたが、２００９年からは「多文化教育担当」という部署が設置され、問題行動を起こした時だけでなく、通常の三者面談にも通訳を入れることや、生徒の日本語習得のバックアップを行うなど、特別な支援を行う体制が既に槙尾ではできていた。再チャレンジスクールになったことで、よりこの部署の重要性が増してきたのだ。

「生徒カード」から垣間見える家庭の困難さは、家庭訪問をすれば一目瞭然だった。渡辺は、特別指導になった生徒の家を訪問するたびに愕然とした。

いくら『勉強しろ』って言ったって、あれじゃ、できるわけがないよ。家に、机一つないんだから。かわいそうだよな。

この子たちをどう育てていくのか。家庭というシャワーを浴びていないことが、子どもの成育にどれほど深刻な影響を与えているのか。

だから渡辺は存分に、何よりもまず生徒に甘えさせる。つくづく思った。**子どもにとって一番大事なのは、どういう家庭で育ってきたかだ。**愛情が人を育てるものだが、肥料と一緒であげすぎてもダメだけど、無くてもダメ。槇尾には愛情過多の子はいなかった。

「愛情をもらえていないから、甘えたい。オレは厳しいことも言うけど、でもそれが守れたら、『よく、がんばったね』って褒めるから。そういうのが、あいつら、欲しかったんだと思う」

困ったこともあった。町中であろうと、槇尾の女子生徒が渡辺を見つければ反射的にダッシュして近づき、「パパー」と抱きついてくる。篠立沢で飲んでいた時もそうだった。

おいおい、これ傍《はた》から見たら、マズイだろう。結構な遅い時間だしさ。ヒヤヒヤものだ

よ。だけどあいつら、見た目はケバいけど、関わってみると、みんな、かわいい子たちなんだよなー。

2

槙尾高に転任して以来、教務のＩＴ化を進めていた川上文彦は、昔の時代に戻ったような充実した時間を過ごしていた。長髪の片鱗《へんりん》はもはや微塵《みじん》もなく、オールバックの短髪と銀縁メガネが、生徒たちにおなじみの川上スタイルとなった。

何よりうれしかったのは、自分で考えたアイデアが実現できることだ。**そもそも仕事って、こういうものだろう。今までと決定的に違うのは、管理職と向いている方向が一緒だということだ。吉岡・原田の二人が向いているのは常に生徒であって、教育委員会じゃない。それはオレも一緒だ。**

長い教員生活で初めて川上は、管理職と一緒に仕事をするのが楽しくなった。

そもそも札付きの、「校長に噛み付く達人」だった。県教委の受け売りでしかない校長を理論的に徹底的に批判し続けたことが仇となって、校内で飼い殺し状態にされていた時期もある。

「だからこそ、使い道がある」と吉岡は言う。

組合の機関誌に寄稿している論文を読めば、川上がいかに冷静に事態を分析しているかがよくわかる。確かに川上は異質な教師でアクも強いが、しかし向いている方向は常に生徒だ。そこにブレはない。川上に限らず、こういう異質な教員が揃えば、学校はうまく回る——それが吉岡の持論だ。

この年、川上は槙尾で初めて担任を持った。2年のクラス担任が定年で抜けたためだった。担任を持ち、生徒の現実を目の当たりにした川上は、長い教員生活で初めて頭を棍棒《こんぼう》で殴られたような思いを味わった。今まで関わってきた生徒たちからは見えなかった、過酷な現実、それが目の前の生徒たちの日常だった。

なんだ、これは。バケツの底が抜けきったとしか言いようがない。家庭というバケツの底が……。日々の生活に困っている子がいっぱいいる。昼飯どころか、朝も夜も食べていない。父親や母親が逃げちゃっていないとか、弟の弁当を作ってから学校に来るとか、そういう子が普通にいるって、一体、どういうことなんだ!

子どもたちと話してみると、それぞれの子どもの家の中が見えてくる。

「川上先生、うちね、学校に来ることだけが楽しいんだ。でも朝、起こしてくれる親がいないから、遅刻しちゃうし、昼頃に起きると、もう今から行ってもしょうがないから休んじゃおうって。学校、大好きなのに」

毎日、高校に通いたいという、そんなささやかな願いさえ叶わない。まだ高校生なのに、「起こしてくれる親がいない」と、当たり前のように生徒が言う。

槙尾に来た教員の誰もがぶち当たる、これまで経験したこともない現実に川上もまた、打ちのめされた。そんな姿を、吉岡は校長として静かに見守っていた。

「川上さんのように今までいろいろな経験を重ねてきた教員が、呆然と立ち尽くす。岡田さんだって最初はどうしたらいいか、わからずにいた。これまでの経験がまったく役に立たない。50歳のベテラン教師だろうが、この学校に来て初めて知る。みんな、槙尾に来たらどうしたらいいか考える。教科書はない。その中で『これが、絶対に大事』というものができてくる。そうやって認識を新たにして変わっていく。何か、自分の仕事を見つけるんだよな」

槙尾に来るまでの川上は、何人もの生徒を退学させてきた。だけどそれは、家庭がしっかりしているという前提があったからだ。生徒を帰すことができる家庭があり、しかも当時は社会にまだ仕事があった。しかし、今は仕事どころか家庭もない。

何よりありがたかったのは、教員同士の連携だった。吉岡が作り上げてきた支援教育のありようこそ、苦境に立った一教員を支える仕組みとして機能した。

「学年一丸となって、生徒を支えていく。そういうムードが槙尾にはあった。先生たちがみんな、一生懸命だった」

妊娠している生徒を体育の授業の前に体育館に連れて行き、毛布に包《くる》んで、体育館の隅に座らせておく。

「いいよ、川上先生、出席にしておくよ」

体育教師の山本康平がニヤッと笑いながらさりげなく囁く。

虐待を受けている女子生徒が暴力衝動を抑えられず、教員に殴りかかろうとする瞬間、川上は羽交い絞めにして止めた。

「やめろ！　卒業できなくなるぞ！」

その瞬間、押さえ込んだ女子生徒から教員めがけて足が出た。

「かすっただけ。川上さん、何ともないですよ」

蹴られた教員は、何も問題にしない。こうして大変な子どもたちを何とか支えて、卒業へと持っていく。

今、ここで、生徒を守り支えるしかない。槙尾高こそ、生徒の生命線であり、最後のセーフティーネットだった。自分の勤務地がそれほどまでに切実な意味を帯びているのは、川上にとって初めての経験だった。

3

児童相談所勤務の経験もある峰岸涼子も、川上同様、前の学校の経験やスキルがそのまま使えない現実に直面していた。どう、クラス経営をしていけばいいのか。一人一人個性が強く、全員に何がしかの問題があった。スキンシップを求める子が多いのは、寂しさからだ。

「明日、1時間早く学校に来たら、先生も一緒に数学の課題をやるからね。これをやらないと進級できないんだよ。一緒にやるから、大丈夫だからね」

英語教師の峰岸だが、数学も教えられるのは「高校のレベルではない」からだ。そうやって心配な子には全科目に目配りをした。

私はまるでおかあさん。「ねえ、あれやったの？　こっちはどうなったの？　ほら、これをしなさい」って、いろいろ先回りして心配して。だってこの子たち、失敗したら後がないんだもの。自分だけの力では、やり直しなんてとてもできない。だからせめて、高校卒業というパスポートだけは持たせてあげたい。

一人一人の出席状況を把握して、危ない子には必ず前日に電話をかける。

「明日、休むと進級できない、退学だよ。猶予はあと数時間しかないんだよ」

遅刻しそうな子を正門で待ち構えて、峰岸は叫ぶ。

「ほら、急げー！　このままだと遅刻だよー。早くー！　おい、なぜ、今、走らない！」

槙尾では再チャレンジスクールになる以前から、独特な出席の取り方をしていた。通常の学校ならば、その時間に来ない場合、もしくは10分遅れた時点で欠課（ある授業の時間だけ欠席）の扱いとなる。しかし槙尾は50分授業で20分遅刻したら、「20分の欠席」、つまり残りの30分は出席にカウントされる。つまり通常の高校では20分遅刻が3回続けば、3時間分の欠課になるのだが、槙尾では1時間分の欠課で済む。

ゆえに担任は、生徒の携帯に電話をかけまくる。体育教師の山本康平ももちろん、そうだ。一人一人の出欠表を作り、クラスの全生徒の番号が入っている携帯を常に持っている。

「おい、今、どこにいんだ？　走って来い！」

「先生、まだ駅。寝坊しちゃって」

「タクシー、乗って来い！」

「先生、お金ない」

「うるせー、いいから、タクシー、乗って来い！」

正門に立ち、タクシーを待つ。料金を払って山本は叫ぶ。

「早く行けー！　教室に走って行けー！」

〈退学させない〉〈進級させる〉〈卒業させる〉――槙尾の教員の合い言葉だ。

とりわけ、再チャレンジ1期生の学年団の団結は強かった。職員室でも廊下でも、教員たちは寄れば生徒の話ばかり。

「今日、2組の亜紀、イライラしてるね。元気もないし」

「ああ、何かあったんだなー。また、おかあさんとぶつかったのかな？」

そうした教員同士の日常的な会話に、峰岸は助けられてきた。

「学年の生徒のことを担任、副担任ともみんなが知っている。クラスの子だけでなく、先生たちは学年の子どもをすべて把握している。それで『ああ、あの子、こうだったね』、『今日はこうだったよ』と、その日の様子がばーっと全体に伝わる。そしてそれぞれが配慮する。こういう日常的な情報交換があったから、やりきれたと思う」

4

一方、新たに生徒支援主任となった佐野修司も、入学してくる子どもたちの困難がより深刻さを増してきているのではないかと感じていた。

暴れるなど問題行動を起こす子よりも、スクールカウンセラーに相談すべきだと思うような子が山ほどいた。スクールカウンセラーが「心の治療が必要だ」と判断すれば、教員が診察につきそい、医師から学校生活でどう援助すればいいかのアドバイスを受ける――

そういう子たちが以前より一層、多くなっていた。

　生徒支援の責任者として、以前ならば警察や少年鑑別所に行っていたが、今の行き先は病院であり福祉事務所であり、児童相談所だ。明らかに子どもの質が変わっていた。目の前の生徒たちは何か、大事なものを親から与えられていない。佐野にはそう思えて仕方がない。人としての基盤があまりにも脆弱《ぜいじゃく》だ。

「昔の槙尾だって、母子家庭も再婚家庭も多かった。それでも子どもに力があった。だから、暴れる、悪いことができるエネルギーがあった。だけど今は、自尊感情や自己肯定感が非常に低い子ばかりだ。生きるエネルギーが弱いというか、だから暴れることもできないし、アルバイトさえ無理だという子も多い。その違いは何なのか。たぶん、親に力が無くなっている。同じ母子家庭でも今の親は、自分のことで精一杯。子どもを気にかける余裕がない」

　佐野の目に映るのは、こんな子どもたちだ。

たぶん、子どもの時から親に話しかけてもらっていないんだろう。だから表現する力がない。抱きしめられていない、親の笑顔を見て育っていない。おまけに小学校から中学校まで、学校でもかまってもらったことがない。だから、自尊感情がとてつもなく低い。この低さを、どう底上げしていくか。ここがオレたち教師に、もっとも問われている。「お

まえが大事なんだよ」というメッセージを3年間、発し続けるしかない。

佐野は朝と夕方に校門に立ち、一人一人に声をかけ、日々の様子を観察する。気になった子がいたら担任や学年主任と話す。

佐野も、渡辺靖と同じように、生徒指導の場面で、「オレがルールだ」と言い続けた。「オレがダメだって言ったらダメなんだよ。タバコ吸っても許すよ、バイクで学校に来てもイヤじゃないよ。ただ、それを正直に言わない方がオレはイヤだよ。おまえ、タバコもバイクも悪いと、自分でわかってんじゃん。それを咎められた時、立ち止まって、『ごめんね』と言えない人間が、オレはイヤなんだよ。そうじゃないと、これから、いろいろな人間とつきあっていけないよ」

教員になった時からずっと思っていることがある。「おまえのこと、わかってるよ」なんて、そんな簡単に口に出せるわけがないと。自分は大学へ行き教員になり、それなりの収入もあり、子どももすくすく育ち、親だってまだ健在だ。そんな自分がどうして、目の前の苦しい子どもに「わかる」なんて言えるだろう。だから言ったこともなければ、思ったこともない。

生徒たちが佐野に、泣きついてくる。

「先生、なんでわかってくんないの？」

必死さがわかるだけに、嘘はつきたくない。

「わかるわけ、ないだろ。安易にわかったら、おまえ、嫌だろう？『おまえのこと、わかるよ』なんて軽く口にする大人を、おまえ、どう思う？　でも、とことん、わかろうとするよ。これだけは約束するよ」

一度だけ、大失敗をしたことがある。思わず、こんな感慨を漏らしてしまった。

「おまえって、ドラマチックな人生だよなー」

大抵、槙尾の子はみんなそうだ。正直な思いがぽろっと出た。その瞬間、生徒からぴしゃりと返ってきた。

「先生、オレ、ドラマなんか要らねえし！」

槙尾では「生徒支援」と呼ぶが、とにかく生徒指導一筋の教員人生だ。佐野はいつだって生徒指導が好きだ。

「生徒指導って、答えは見つからない。ただ、生徒のために何とかしてあげたい、ただ、それだけ。生徒はみんなかわいいし」

この年、3年のあるクラスで、携帯電話が無くなるという事件が起きた。佐野が複数の生徒に聞き取りしたところ、ある生徒に行き着いた。

島田由希、どこか線の細いところがある、真面目な子だ。佐野には由希が窃盗をするとは、どうしても思えない。いや、どう考えてもあり得ない。

放課後、由希と二人で話をした。

「由希、クラスでケータイが無くなっただろ？　あれ、何か、おまえ、心当たりある？　先生はそうじゃないと思ってるんだよ。おまえは、そんなことをするような子じゃ絶対にないから」

佐野の前に座る由希の瞳に、みるみるうちに涙が盛り上がる。

「先生、私が盗りました」

「え？　なんで？」

由希の両頬をポロポロと涙が伝う。嗚咽《おえつ》をこらえ、堰《せき》を切ったように由希は一気に話し始めた。

「先生、あたし、小学生の時にママが離婚して、でもその後すぐ、ママは別の人と再婚したんです。あたし、小学生の頃からその人に……、新しいパパにずっとやられてる。それは今もずっと続いてて……。先生、あたし、ずっと誰にも言えなくて……」

問題行動を敢えて起こすことで、由希は佐野に特別に目をかけてもらいたかったのだろう。母親は夫に頼り切っており、小学生の頃から由希は家で一人ぼっちだった。由希はこれまでの胸の支《つか》えをすべて、佐野に吐き出したかった。ギリギリまで切羽詰まっての行動だった。

　肉親からの性的虐待の話に出会うたび、佐野は身体中の血が沸騰しそうな思いがする。**なんてことだ。由希は継父からの性的虐待の被害者だった。しかも今も、現在進行形で続いているという。小学生の時から由希はずっと、理不尽な行為に苦しめられてきたのだ。なんという卑劣な大人がいるのか。ふざけやがって。**佐野に、湧き上がる怒りを押し止める術などない。

　泣きじゃくる由希を、「よしよし」と佐野は抱きしめる。

「先生、あたし、やっと言えた」

「由希、これは警察に通報しよう。警察を入れて解決しよう」

「ううん、あたし、今、こうやって先生に言えたんだから、自分で終わらせる」

「ちょっと待て。少し、時間をくれないか。ちょっと教室で待ってろ」

　職員室に戻った佐野は副校長の原田、そして岡田、峰岸たちと話し合った。原田が言った。

「本人が終わらせるというなら、じゃあ、ここは由希に任せてみましょう。佐野さん、由希を家まで送って行ってください」

それでも佐野は玄関先で、家の中から出てきた継父にはっきりと告げた。

「全部、由希から聞きましたよ」

通常、性的虐待の被害女性は、男性に強烈な不信感を持つ。精神科医であっても、男性は受け入れられないほどだ。なのに、由希は男性教師である佐野に、初めて根源的な苦しみを打ち明けることができたのだ。そしてそれが、由希に自ら決別する大きな勇気をもたらした。佐野が由希との間に、どれほどの信頼関係を築いていたのか、その紛れもない証だった。

由希は継父の虐待をきっぱりと終わらせた。佐野はじめ教員たちが見守る中で無事に卒業し、今は元気に暮らしている。

5

2011年1月、校長室に1期生の学年主任・渡辺靖がやってきた。

「校長、なんか変ですよ。あいつら、やめないんですよ」

「やめないって、何？　そういえば、誰かが退学するって話、聞かないな。最後に、ばーっと出てくるんじゃないの？」

「それがね、そうでもないんです。もう、ワケがわかんないですよね」

これまでなら1年から2年になるまでの間に30～40人の中退者が出た。1クラス分の生徒が減るのだ。少ない年でも、10人を下ることはない。それが1年時の中退者が今年はたった2人。

「校長、マズイっすよ。2年の机と椅子、全然足りないじゃないですか」

「ほんとだよ。1クラス分、机と椅子を注文しないと。でもなぁ、校長としては、無駄な買い物はできないし、毎年、これで行けてたのに。いやあ、危ねえ。慣れないことが起きるととんでもない。ギリギリ、新学期に間に合うかどうか。いや、どうやっても間に合わせないと」

再チャレンジスクールとなって、一体、何が変わったのか。校長として吉岡博史が思うのは、ただ一つのことだ。

教員たちは、何も変わったことはしていない。これまで作り上げてきた槙尾の基本、「生徒との対話」をただ大事にしてきただけだ。入学当初から生徒の話を丹念に聞いて、その場その場で的確な対応をする。決して標準ルールは作らない。生徒一人一人違うわけだから、スタンダード化はしない。そうやって、その子その子の状況に応じて対応する。

もちろん、それは生徒を甘やかすことではない。なんでもいいよ、とやったら学校が壊れてしまう。ルールという枠を重視しながら、本人と話して、本人がわかるように、いろんな角度から話していく。指導ではなく、あくまで支援をしていくということだ。

吉岡には、ある教員の言葉だけで十分だった。

「校長、『支援教育』って最近、言われているじゃないですか。あれね、ぜんぜんピンと来なかったんですが、この学校に来て担任を持ったら、『ああ、これか』って、よくわかりました」

まさに！〝支援〟はスローガンではない。子どもの現実から出発するものなのだ。「提供」するものではなく、一緒に作っていくものだ。

吉岡が提唱し、実践に心砕いた「支援教育」が、槙尾高校で一つの形として具現化された。

２３８名が入学した再チャレンジ１期生は３年後、２３２名の卒業生を得た。中退者が６名というのは、槙尾開校以来、初めてのことだった。

吉岡は、槙尾高での実践で確信することがある。

一人の素晴らしい教員がいたから、こういう変化が起きたのではない。決め手は、教員同士の関係性なのだ。たとえば渡辺靖と岡田玲子、渡辺靖と佐野修司というように教員同士がつながりあって、一人一人の生徒と向き合ってきたということに尽きるのだ。

２０１１年３月をもって、支援教育の提唱者であり、槙尾で実践者となった校長の吉岡は定年を迎え、槙尾を去ることとなった。4月から、私立大学の教育学部で教鞭をとることが決まっていた。

再任用という制度を使えばあと2年、槙尾で校長を務める可能性もあったが、「長期政権はよくない」というのが吉岡の判断だった。きちんとバトンを渡せる、原田憲介が副校長として控えていたことも大きかった。

槙尾を去るにあたり吉岡は、槙尾の現状をこう見ていた。

一応、「生徒と対話を続けていく」という組織文化はできた。とはいえ今の段階で、何も理解していない管理職が槙尾の外から来て、杓子定規にルールを適用して生徒を締めていったら、まだ弱い、脆《もろ》いところがある。そういう形で校長がリーダーシップを発揮する学校づくりをやられてしまうと、現場が独自の判断によって生徒を支援していくという組織文化の継続が難しくなる。

だから吉岡は県教委に出向き、はっきりと釘を刺した。校長としての最後の仕事だった。

「原田さんのことだけど、あんな人を他の高校に移したら大変ですよ。あんな人が来ちゃったら、行った先の学校がどうなるか。あの人は槙尾でもお調子者で若干迷惑なんだけど、教職員はあの人に多少慣れているので、槙尾に置いてやってください」

こうして原田は、吉岡からきっちりと槙尾の舵取りというバトンを受け取った。その意義は間違いなく大きい。原田は吉岡の後を継ぎ、校長として、生徒を支える組織づくりに邁進していく。

「吉岡さんからバトンタッチできたことで、ある意味、学校作りの方向性や職員へのメッセージがブレることはなかった。インクルーシブな学校をどう作るか。さまざまな困難を抱えた子どもをどう受け止めて支援していくか、そして支援機能をどう強化していくかという……」

6

2011年4月、原田憲介が新校長となった年に、再チャレンジスクール2期生が入学した。新1年生の学年主任には体育教師でバスケ部顧問の山本康平、担任団には社会科教師で「労働法クイズ」を作った水谷香織もいる。

この年にアスペルガー症候群の生徒が入ってくることは、中学からの申し送りで、あらかじめわかっていた。現在は自閉症スペクトラム障害と総称されるうちの、知的障害を伴わない自閉症のことで、他人の心を推測できず、対人関係を作るのが苦手だったりするなどの障害を持つ。妙に馴れ馴れしいなど、他者との距離をとるのが難しい。

入学式当日、突飛な行動をとる男子生徒がいた。

「みんな、こっちだよ。教室はこっちだよ」

会ったばかりのクラスメイトを、いきなり統率しようとする。岡田玲子は「ああ、この子だ」とピンときた。

いまどき、これほど空気の読めないことをする高校生は滅多にいない。この先、どうなるだろうと見守っていると、授業中に騒いでいるクラスメイトに、教員でもないのに注意してしまう。

あっという間にクラス中の反感を買い、「こいつ、うぜえ」といじめの対象となった。障害の特性からくるぎこちない動作や、聴覚過敏ゆえの、音への過剰な反応を揶揄《やゆ》されるようになった。

岡田はこの件で、ケース会議を開いた。今回は担任の家庭科教師と学年主任の山本と、少人数のクローズドの会議として設定した。

まず、担任が口火を切った。

「保護者がどうしても、『周りの子と同じように、普通に接してください』というので、そうしようとはしてきたのですが……」

岡田は言う。

「普通にするといっても、槙尾高では一人一人の子に合わせて支援するのだから、そうしていきましょう。とくに彼には、聴覚過敏もあるのだし」

山本も同じ考えだった。

「そうだね、この子のニーズに合わせてやろうよ。保護者には彼は今、いじめにあって困っていることを伝えて」

彼にはクールダウンする居場所を確保すること、トラブルが起きたらすぐに話を聞き、どうすればよかったかを一緒に考えることで社会性を養うなど、個別に対応することを、ケース会議で確認した。山本が最後に付け加えた。

「いじめの主体になっている加害者たちも、ものすごい課題があるんだよなー。こいつらも、きちんとフォローしないといけないね」

いじめを行っている子どもたちも、それぞれ家庭に問題のある子たちだった。ネグレクト状態におかれている生徒、継父から暴力を受けている男子生徒もいた。

山本は首謀者を呼んで、話をした。

「おまえさ、あいつは聴覚過敏なんだよ。教室の音って、あいつにとってはお寺の鐘の中に入った状態で、外からがーんとやられるのと一緒なんだよ。そりゃ、辛いだろ。耐えられないよな」

その言葉に、男子生徒ははっとした。

「先生、オレ、あいつにすげえ、ひどいこと、してたんだね」

以降、いじめはぴたりとやんだ。

岡田にとって、槙尾に赴任してようやく、教育相談体制がうまく機能してきたと実感できたケースだった。クローズドの会議でありながら、「彼は、特別な対応が必要な子だ」とすぐに学校中が理解したのは、前校長の吉岡が重きを置いた、教員同士のちょっとした立ち話が頻繁に持たれている証だった。これこそ、教育相談体制の完成形ではないか。岡田は確信した。

「ケース会議は、教育相談体制が進むと要らなくなるんだ」


ゴールデンウィーク明けの5月上旬、2人の女子生徒が、生徒支援主任の佐野修司のところにやってきた。

再チャレンジ2期生の清水奈々が、友人の状況を訴えにきた。

「ねえ、先生、この子んち、大変なんだよ。ごはんを食べさせてもらってないし、親は携帯でゲームしてるだけで、ちっちゃい弟の面倒も見ないんだよ」

槙尾にありがちな育児放棄、ネグレクトのパターンだ。

「おまえはバイトして、そこの賄《まかな》いで食ってくようにした方がいいぞ。とにかく、児相に行こう。弟のこともあるし、おまえだけの問題じゃないからな」

幼い弟も、ネグレクト状態の可能性がある。児相に通報することにより、児童福祉司が家庭に関わることになる。母との面談で事態がよくなればいいが、場合によって弟は一時保護ということもあるかもしれない。

「よし、じゃあ、これから一緒に児相に行こう」

立ち上がりかけた佐野を、その子が制した。

「先生、だけど、あたしより、奈々の方がもっと大変なんだよ」

「え？　どういうことなんだ？　奈々、話してみろ」

とても小柄で、大きな瞳を持つ小悪魔的なファニーフェイス。すれ違っただけではっと振り向かれるような、可愛らしい顔立ち。それが奈々だ。

「先生、うち、生保（生活保護）で、ママだけなんだけど、食べ物はいっこも家になくて、家の中はゴミ屋敷。よく言われる。『うちは遠くからでも臭う』って。弟は施設に入ってて……」

弟は虐待が原因と見られる障害で、医療センターに入っているという。この家庭、どうなっているんだ？　奈々が連れてきた子を別の教員に託して、佐野は奈々の自宅に向かうことにした。

応対した、奈々の母親は精神的に不安定なのか、抗精神病薬で朦朧《もうろう》としていた。家の中は目を疑うほどのゴミ屋敷。佐野には一見して、すべてがわかった。

このお母さん、何も、コントロールできていない。子どもを育てるとか、面倒を見るとか、家の中をきちんとするとか、何もできない。

奈々自身も、リストカットが止まらない。幼い頃は、ビデオが子守り役だったという。

佐野は奈々の件を、児相に通告した。

「よく聞けば、お母さん自身もネグレクトだけでなく、奈々に手をあげていることもわかったし」

奈々の家庭を児相が見守り、学校と連携して支えることを確認した。

奈々は学校でよく意識を失い、倒れた。解離だった。虐待を受けた子が自分を守るために、意識を飛ばしてつらい時間を耐えることがある。それが解離だ。奈々もまた、そうやって虐待を生き延びてきたサバイバーであることの証だった。

ある日、イライラした奈々が教室の窓ガラスを素手で叩き割った。自分も血だらけになりながら、そうせずにはいられない怒りのマグマが奈々を衝動的行動へと駆り立てたのだ。

ケース会議を定期的に持つことにし、見守り体制を強化した。

「大変だ！　清水奈々が、すごい勢いで教室から飛び出して行った」

「え？　あの奈々が！　早く探し出さないと、何をするかわからないぞ」

「朝から、イライラしてたから、衝動的に飛び降りちゃったら！」

教員たちが一斉に、学校中を必死に捜し回る。それほど危うく、何をするかわからない激しい衝動性を抱えた子だった。

奈々の一家を担当する生活保護のケースワーカーや児相の児童福祉司と、佐野はじめ槇尾の教員たちは頻繁に連絡を取り合い、連携して奈々を支えた。共通する方針は、ただ一つ。

「このまま、学校につなげていこう。中退させないように、何とか卒業できるように」

出席日数も成績もギリギリだったが、何とか奈々は2年に進級した。2年になった奈々の担任となったのが、水谷香織だ。

「かおちゃーん、なんで奈々、毎日、学校、来なきゃいけないのぉー？　なんでー？　こんなプリントやるのー？」

奈々はいつもこんな調子だ。

「ほら、ここを書く。ちゃんと書いて、これをね、英語の先生に出すんだよ」

手取り足取り、水谷は奈々をサポートする。

「性格は気まぐれで小悪魔的。笑うとめちゃくちゃ可愛くて。先生たち、みんな、奈々には手こずっていた。それだけ難しい子だった。気分のムラの激しい子で、気に入らない大人の話は聞かないし。私が手を替え、品を替え、あやしていた。だって、ガラスを叩き割る娘だもの」

不安定になって、いろいろ問題を起こしたが、水谷がその時々にフォローして、なんとか学校に通い続けてきた。

だが3年に進級するには、奈々には「追認」という制度が必要とされた。今のままでは進級の枠から外れざるを得ないが、「追認」という特別な補習を受ければ、進級が許されるという、年度末だけに行われる槙尾独特の制度である。

「追認」には遅刻厳禁、制服をきちんと着用するなど、厳しい決まりがあった。

口を酸っぱくして注意をしたのにもかかわらず、当日、奈々は遅刻をし、しかもピンクのシャツを着てやってきた。一つの違反なら何とかなるかもしれないが、同時に二つ。致命的だ。

「奈々ちゃん、なんで？　先生、ちゃんと言ったよね」

「かおちゃん、ごめんね。奈々ね、ママと一緒にいたくないから、今ね、彼氏の家にいるの。そしたら洗濯がなんかうまくいかなくて、白いシャツがなくなっちゃって、これしか着るの、なかったの」

虐待の加害者である母親と、奈々が一緒にいたくないというのはよくわかる。もともと、関係も良くはなかった。奈々の異性関係がコロコロ変わることも水谷は知っていた。生まれ落ちた時から大事に守られたことがない寂しさから、異性に安らぎを求めるのも無理はない。それがひとときの幻想だとしても、あたたかいものにすがりたいのだ。

水谷香織はすべてを呑み込み、進級判定会を押し切った。絶対に清水奈々は中退させない――それは槙尾の教員たちに共通した思いだった。

7

そうして迎えた最終学年だったが、またしても「問題」が起こった。3年の途中に奈々が妊娠したのだ。相手は30歳の宅配便ドライバー。水谷は何度も、その男に会った。子どもを産んだ後の、奈々の生活を成り立たせるためだった。

男は中卒で、その頃から家族はバラバラだったと言う。その男と話をするたびに、奈々に子どもができて、自分に家族ができることをとても喜んでいることが水谷にはよくわかった。もしかして奈々は、いい相手と出会ったのかもしれない。それは救いだが、あの奈々がどうやって子どもを産み、育てていくのか――水谷は頭を抱えた。

槙尾では頻繁に、奈々の件でケース会議を行った。その中で方針として決まったのは、奈々の子どもを保育園に入れるということだった。

奈々自身、まともに育てられてきていない。母親というモデルもない。相手もいい人だけど頼りない。この子が児童虐待の連鎖を作らずに子育てをするためには、サポート役として保育士についていてもらうしかない。絶対に、保育園につなぐことだ。そのためには、奈々を中退させないで、学校に在籍させることにしよう——これが教員たちの結論であり、重要な目標となった。

奈々の母親に、娘の出産・子育てのサポートを期待するのは無理だった。そこで奈々は彼が住むA県南部に引っ越して出産することにした。水谷たち槙尾の教員は、引っ越し先の生活保護に奈々をつないでいこうとケースワーカーと連絡を取った。しかし既に入籍して母親の籍を出た以上、母親の扶養家族としての生活保護を奈々に適用するのは難しかった。

結婚した相手はドライバーとしての収入があるので生活保護の対象ではない。生活保護という福祉のサポートは、もはや奈々には使えない。

とにかく、保育園だ。水谷は何度も奈々を連れて、子ども家庭課の窓口に出向いては訴えた。

「精神的な病で生活保護を受けている実母は、何の支えにもなりません。18歳で出産するという困難な環境にいる子ですが、高校を続けたいという意思があります。ですので、絶

込ませた。

奈々に演技ができるわけがないので、本人にも「出産後、高校に復学するのだ」と思い込ませた。

「あれ？　あたし、高校、続けたい？」

奈々はキョトンとしてつぶやくが、もちろん、教員たちの誰も、奈々が高校に通い続けられるとは思っていない。保育園に子どもを預けながら、高校を卒業できる見込みが奈々にあるのか——それは無理だろうと誰もが思った。しかし、奈々の子どもを保育園に行かせるためには、高校の在籍を続けるしかない。

保育園の申請には、確定申告書が必要だ。税務署にも、水谷は奈々と一緒に出向いた。

「彼の収入伝票は全部、持ってきなさいよ。一緒に書類は確認するけど、あとは税務署の人に見てもらおうね」

そうして確定申告を終えた後、一緒に保育園の入園申請手続きもした。

家計管理もできないから、生活困窮者支援のＮＰＯにも連れて行った。２０１３年12月に成立した生活困窮者自立支援法は、対象を「高齢者」「障害者」「子ども」などと限定せず、また経済困窮だけでなく、社会的孤立も支援の対象としているため、奈々のようなケースに使える制度だった。

「家計で困ったことがあったら、先生に電話してもいいけど、ここの人たちはその専門だからね」

保育園を続けていくためには奈々も週20時間ほど働く必要があった。就労支援を行う施設にも連れて行った。

市の子ども家庭課の支援担当窓口にも、一緒に行った。児童養護とひとり親の福祉を担う部署だが、若年妊婦は虐待のリスクが高い存在として支援の対象でもあった。すでに奈々は支援が必要な妊婦だと市で認識していたことがわかり、これでようやく水谷はほっと胸を撫でおろした。

「奈々のような子は、いくら教えても、初めてのところに一人で行くなんて絶対にないから、一緒に行くしかない。そして『困ったら、この人に相談するんだよ』って、一つ一つ教えていった。学校と切れても、奈々がその先、やっていけるように」

そうやって水谷はじめ槙尾の教員は、子育てを行う奈々を支えるネットワークを作っていった。水谷はつくづく思った。

「この一連の動き一つ一つが、奈々に社会性を育てる作業だった。今まで家庭でまったくもらうことができなかった、社会性を」

リストカットをするか、いろいろな男性にすがるか、ガラスを叩き割るしかなかった子が、槙尾の教員の支えのもとで母になり、今もちゃんと子育てをしている。

今、佐野のもとには時々、奈々からLINEで夕食の写真が送られてくる。

〈さのっち、今日は、肉じゃが、作ったよ!〉

正直、佐野も不安だった。果たして奈々が母親になれるのか、ちゃんと子育てができるのか。

「奈々は母親から話しかけられることなく育った子だから、子どもを産んでも会話ができるかどうか心配だった。だけど、全然違った。今、本当に、いいお母さんをやっている。旦那も身体張って家族を養っているし、奈々はなぜか突然家事に目覚めて、がんばっているし」

すべて、担任の水谷はじめ、槙尾の教員たちみんなが奈々を見放さず、支えたからだ。

水谷自身、奈々と出会い、刻々変わる状況に対応し支えていく中で多くのことを学んだ。

「子どもを通して、これまで見えなかった社会が見えてきた。実際にこういう環境で育つ子がいること、若年で出産するということが、どんなに困難なのか、奈々を通して具体的に知った。いつも私は、子どもから勉強させられる」

「ヤングケアラー」という流行りの言葉も、槙尾では現実のものとして既にあった。介護や看護、世話をするなど、まるで大人のように家族のケアを担う、18歳未満の子どもを指す言葉だ。妹や弟の世話をするだけでなく、精神的に不安定な親を情緒的に支える行為も含まれる。

「ヤングケアラーって一時期、盛んに報道されたけど、報道される前から私たちはその存在を知っていた。槙尾にはたくさん、そんな子たちがいる。『明日、絶対、学校に来ないとダメだ』と言っても、母の精神的な状態でそれができなくなる子たちが、どれほど多いか。奈々も幼い時から、不安定な母を支える『ヤングケアラー』だったから」

子どもは本来、のびのびと育つものだ。親の世話をしたり、親を気にかけたりするのではなく、逆だ。子どもは親から大事に育まれる存在だ。しかし教員の前にいる槙尾の子どもたちの圧倒的多数が、そうではない環境にいる。

「槙尾の子たちって、奈々だけじゃなく、こちらが受け入れてサポートする姿勢を見せると、シュッと手のひらに乗っちゃう。これまで大事にされてこなかったから、ものすごい信頼感でこちらに寄ってくる。だから私たちは際限なく生徒の話を聞いてあげて受け止める。だって、『生徒の現実から出発する』、それが槙尾だから。これがなかったら、奈々は今のようになっていない」

水谷香織は鈴を転がすような声で、あっけらかんと笑う。

「槙尾のように、距離感なく生徒と付き合えるところはそうはない。この距離で生徒と向き合えること、そして自分の一言、一言が生徒の笑顔につながることって、ほんと、教員の醍醐味。いくら大変でも何とも思わない。槙尾の子たち、本当に懐っこくてかわいいから」

8

2012年3月、川上文彦は槙尾で初めての卒業生を送り出した。

学年全体で生徒を支えきって生徒たちを全力で卒業させた。妊婦も3人いた。涙、涙の最高の卒業式だった。**だけど、この子たち、社会に出たら、一体どうなるんだろう？ 進路未決定者が3割以上もいた。教員たちが一生懸命、手を尽くしても、行き先が見つからなかった子たちだ。卒業したら教師には何もできない、方法がない。**在学中に何とか入籍した妊婦たちだって離婚したらどうなるかと思っていたが、案の定、すぐにシングルマザーになった。

川上ははっきり思った。

これまでのように、「卒業おめでとう」で終わりにしちゃいけないんじゃないか。卒業で終わりにしない、支援の仕組みを作らないとどうしようもないんじゃないか。

そんな時に校長の原田憲介が、「待ってました！」とばかりに川上に声をかけた。

「川上さん、教務は目処が立ったから、もういいよ。今度は進路をやってよ。出口をね」

「え？　そんなの、やったこと、ないですよ」

「うちには『キャリア支援センター』が一応あるけど、今は回っていないから。それ、全部、任せるから、川上さんの好きにやっていいよ」

「キャリア支援センター」は、２００８年に吉岡が校長として赴任した時に真っ先に行った、「アイデア会議」から生まれたものだ。多くの教員が槙尾に「職安」を作るしかないと考えていた。無職となった卒業生が頼るのも、槙尾高しかない。在校生だけでなく、卒業生をも対象にした「就労支援」ができる窓口をと構想されたのが、「キャリア支援センター」だった。枠組みはその年に既にできていたが、人員の問題もあってこれまでは実質的に機能していないも同然だった。そしてそれは、前校長の吉岡博史が、次の校長である原田へ渡したバトンの一つでもあった。

原田は川上が卒業生を送り出し、担任から外れる時を待っていた。原田には確信があった。

「今のシステムでは、子どもたちの就労支援・進路支援はなかなか難しい。特に生活保護世帯の子、発達障害など障害を持つ子を支援し、就労まで結びつけていくのは、よほどしっかりした組織の力がないと仕切っていくのは難しい」

生徒支援主任の佐野も、川上がキャリア支援の責任者となったことで希望が見えた気がした。

「自分は生徒を支えて、卒業させることを全力でやってきた。でも、『どこへ』という出口がなかった。それを川上さんがやってくれる。そこはオレにはできない。じゃあ、川上さんがオレのところに戻ってきてスタートできるかといったら、それもできない。お互い分業で、生徒を支えていくしかない」

川上の肩にのしかかった任務はおそらく、これまで高校教員が経験したことのない仕事となる。求人票を見せて「どうだ?」で済ますような進路指導では、もはやどうしようもないのだ。

前人未到の領域に、川上は定年前のすべてを捧げ、全力で邁進することになる。

槙尾の次の課題が定まった。出口——卒業後の仕組みを作ることだ。

6　卒業後の居場所

1

2012年4月、槙尾高には再チャレンジスクール3期生が入学した。2年前に入学した1期生は3年生となり、これで槙尾高は全校生徒が学力考査ではなく、「関心・意欲・態度」という選抜基準で選ばれた子どもたちとなった。

2008年に赴任した前校長、吉岡博史が主導する形で始められた生徒を支援していく組織づくりは、吉岡と二人三脚で歩んできた校長、原田憲介の手に委ねられ、二度目の春を迎えた。

そしてこの春、原田の構想に必須だった職員が槙尾のチームに加わった。「学校司書」の立花久美子（当時51歳）だ。

図書館を運営・管理する「学校司書」は教員ではなく、「行政職」に括られる。原田は教職員組合の活動で司書グループの担当を務めていたことがあり、立花の熱意と力を高く評価していた。司書のような「行政職」や用務員などの「現業職」も、学校という職場では平等でなければならないという理由から組合に加入することになっていた。

「立花さん、大変な子が多い学校だからこそ、子どものことを考えてくれる、優秀な司書さんが必要なんです」

組合時代の付き合いから、原田は司書として立花がどんな理念を持っているかをよく知っていた。見栄えのいい「立派な図書館」ではなく、生徒に必要なものを提供する。あくまで向いている方向は生徒、これこそ、槙尾マインドだ。

意気に感じた立花は、すぐさま原田の誘いに応じたかったが、別の高校への異動が決まった直後だった。川上や佐野から遅れること3年、前任校を最短で終えた立花が槙尾へやってきた。

生まれは山形県山形市、中学時代にビートルズでロックに目覚めた少女は、翻訳家を目指して東北大学英文科に進学、そこで石井桃子の『子どもの図書館』という一冊に出会い、「児童図書館員」という仕事に心を奪われる。東北大在学中に司書資格が取得できなかったため、つくば市にある図書館情報大学に入学、ここで司書の資格を取った。卒業後は数少ない「司書」枠採用の自治体の採用試験を受けまくり、A県を選んだ。

A県での就職が決まったが、立花は学校司書になるつもりはなかった。県立図書館を強く希望したが、蓋を開けてみれば配属先は県立高校。不本意極まりない思いで社会人となった。一日も早く学校を抜け出し、大きな舞台で働きたい。学校図書館は、本来の目標の通過点でしかなかった。新採用からの数年間を、あまりにも中途半端だったと立花は振り返る。

学校という現場に肝が据わったのは28歳、2人の子どもを出産した後のことだった。なぜか、生徒の顔が見えてきた。同時に、今まで何をやっていたのだろうと自分を恥じた。生徒の方を向いていないうえに、己の司書としての優秀さを誇示しようと高尚な展示ばかりをやってきた。なんという司書だったのだろう。生徒のために働かないといけない。立花ははっきり思った。この時から、その思いにブレはない。

エッジの利いたショートカットに、服装はセンスのいいアバンギャルド。よく通る声、さばさばした歯切れのいい語り口は、生徒の耳にも心地よい。

槙尾で初めて、校舎2階にある図書館に足を踏み入れた時、立花の目に正面の窓ガラスからやわらかに差し込む陽の光が飛び込んできた。瞬間、はっきり思った。

「ここは、『陽だまり図書館』だ！　図書館の名前は『陽だまり』にしよう。イメージカラーは黄色。だって、お陽さまの色だもの」

ただの「図書館」ではなく、名前をつけてブランディングしようと思っていた。他のどこにもない、槙尾高だけの図書館として活動していくのだ。知識や情報を詰め込む一方の学校という教育現場の中で、生徒が何らかのものを表現していくための場所――そのための学校図書館であり続けたい。これまでも生徒と一緒に音楽雑誌を作るなどいろいろな企画を立て、形にしていくことで、立花は学校図書館の可能性を広げてきた。

立花が槙尾でまず行ったのは、図書館の隣にある、司書の仕事場、「司書室」の扉を開け っ放しにしておくことと、貸し出しカウンターの机を撤去することだった。

通常の図書館はカウンターを境に、利用者と司書とが対峙する構造になっている。学校図書館の場合は、カウンターの内側に図書委員の生徒が入って貸し出し業務を行う。カウンターの内側に入れるのは、この特別な生徒だけだ。このようなオーソドックスな構図が立花は嫌いだった。

「カウンターに私が立って利用者と対峙する、こんな図式って要る？　そんな聖域みたいなもの、図書館から消し去っちゃおう」

これまであったカウンターを取り払い、代わりに簡単な台を設置した。台の後ろは通行可能、通り抜けは誰もが自由に行える。

立花は、通常の図書館スタイルを大胆に変えていく。「司書室」の開放もそうだ。基本、司書室は「生徒立ち入り禁止」が学校図書館の常識だ。だが、これまでも司書室で仕事をする立花の周りには、生徒たちが自由にいるのが当たり前のことだった。

立花は「図書館開放戦略」とでもいうべき持論のもと、意識的に司書室や図書館を開いていった。

本だけではなく、映画や音楽などいろいろな文化を子どもたちに出会わせたい。だから映画のポスターやレコードのジャケットを壁に貼るなど、否応なく目に触れるような展示を行った。既成概念へのアンチ、体制へのアンチを伝えたい。既成概念が正解じゃないことを子どもたちに教えたい。体験が乏しい子どもたちにあらゆる文化体験ができる場を作り上げていくのだ。

生徒たちに3年間、ここに「浸ってもらう」にはどうすればいいのか、それだけを立花は考えた。その3年を通して成長する子がいることを立花は知っている。そういう場として図書館を使ってほしい。進学校での「勉強部屋」とか、一部の本好きのためのスペースとかでは決してなくて——。


4月も半ばを過ぎると、廊下を通る生徒たちが「あれ？　開いてる。前と違う」と司書室を覗き込むようになった。

「あのー、ここ、入っていいんですか？」

「え？　なんでダメなの？　おいでよ」

こうして司書室にやってくる生徒が少しずつ増えていく。やってきた生徒たちに立花は明確なメッセージを発した。

「ここで、昼休み、お弁当を食べてもいいよ」

「え？　ほんと？　いいの？　うれしい！」

途端に目が輝く女子生徒がいる。立花はこうしたニーズがあることを重々承知していた。友達とトラブルになり、教室で食べるのが気まずくなってしまった子、いじめがあり、学校のどこにもお弁当を食べる場所がない子……、お弁当を誰とどこで食べるかはこのような一定の生徒たちにとって切実でつらい問題だ。それは以前からの経験で、痛いほどわかっていた。

どの学校でもそうだ。生徒は決まって、ちゃんと嗅ぎつけてやってくる。この人、話を聞いてくれそうだと。司書室に生徒たちがたむろするようになるのに、それほど時間はかからなかった。

赴任する前、槙尾は大変だとは聞いていた。しかし、立花の前にいる槙尾の子たちはみんな、素直でかわいらしかった。だが、次第に「え？」と思うことが次々に出てくる。

どうしてだろう、大声で歌って歩く子が多い。司書室にハエのような虫が入ってきただけで、ものすごくパニックになる子が多い……。どうしてなんだろう、首を傾げる機会が増えていく。

「あのね、あたし、お父さんが6人いてね……」

「これまで一度も、修学旅行に行ったことがないんだ」

「彼氏のDVが怖くて、学校、来れないことがある」

お弁当を食べながら、そんな話がぽろっと出てくる。

え？　お父さんが6人？　それほど母親は相手を替えてきたわけ？　義務教育の時でさえ、修学旅行に行けていないの？　まだ高校生なのに、彼氏のDVって……。この子たち、どんな背景を抱えているんだろう。立花はどうしていいかわからない。ただ見守ることしか、今はできない。そう、自分に言い聞かす。赴任1年目は、それだけで精一杯だった。

ただし翌年からは、立花は校長の原田に頼み込んで、学年団に入ることを希望した。そうしないと、司書室にやってくる生徒たちの背景がわからない。事情や家庭的背景を何も知らないまま、不用意な言葉でいつ子どもたちを傷つけてしまうかわからない。それは、何より恐ろしいことだった。原田はすぐに快諾した。

「わかりました。立花さんには毎年、1学年の学年団に入ってもらいましょう。そうすると、すべての生徒の事情がわかるようになりますから」

図書館や司書室で立花に見せる生徒たちの顔は、ほんの一部だ。そうであっても、長い学校司書生活で出会ったことのない生徒たちの「困難」に、立花は足がすくむような思いだった。槙尾に来た教員たちが必ず味わう「洗礼」を、立花も強く感じていた。

2

「卒業で終わりにしない、支援の仕組みを作らないといけない」

今年度から「キャリア支援センター」の事務局長として進路＝出口の問題を担当することになった川上文彦は、校長の原田憲介が目指す方向にこそ、可能性があると確信した。

「川上さん、達成目標は明確なんだよ。税金と年金を払える層を増やしていく。そのために重要なのは、いかに、うちの子たちのような困難を抱えた子の自立を支援していくか、なんだよ」

川上には忸怩《じくじ》たる思いがあった。3月に送り出した卒業生の約36％が進路未決定であり、結局、フリーターという不安定な非正規就労に行きつくしかなかったのだ。

「川上さんもよく知ってるよね。ヨーロッパでは早くから、こういう自立困難な若者をターゲットにして、国がお金を出して支援していく仕組みを作ってきた。教育と職業訓練を結びつけて」

「校長、確かにそうです。80年代に若者の失業率の高さという問題が出てきて、社会の中に若者を見守り、伴走支援する仕組みを入れ始めたわけですよね」

たとえばドイツでは「デュアルシステム」という、教育と仕事場での訓練を結びつけたコースがある。イギリスでは70〜80年代の不況による若年層の長期的失業に対し、職探しを条件に給付を行う雇用保険を創設、仕事が見つからない若者にはアドバイザーをつけるなど国が安定した雇用への重層的支援を担う。オランダでも学校の早期中退者向けに職業訓練が行われるなど、若者の就労支援のために学校や社会が寄り添っていくという実践が既になされていた。

「日本では今、ノースキル・ノー学歴の子どもたち、生きる場所がないよ。困難な子どもたちを支援して就労につなげる役目を最も機能的に果たせるのは高校なんだよ。課題集中校に予算をつけるのは金をドブに捨てるのと同じだと言われてきたけど、ドブに捨て続けないと、この現実は支援できないんだよ」

原田にとってもはや高校は、「学力向上」のためだけにあるのではない。原田が構想していたのは、教育と福祉と労働を三位一体的に担うことができる、新しいタイプの高校だ。

そもそも日本では教育は文部科学省、若者の就労支援は厚生労働省と、縦割り行政ゆえに教育と就労がなかなか結びつかないという硬直したシステムの弊害が延々と続いている。

文科省を中心とする現行の教育システムでは、槙尾の子たちの困難の受け皿にはなり得ない。原田にとってそれは、火を見るより明らかだった。ゆえに「校内に職安を」という発想で「キャリア支援センター」を創設し、在校生だけでなく、卒業生も対象にした就労支援を行うことにしたのだ。

「川上さん、お願いするよ。何でも自由にやっていいよ」

自由にと言われても、何をやっていいかわからない。進路の支援じたいも初めて手がけるものだが、そもそも原田の意図はこれまでの進路支援とは一線を画しているのは明らかだった。

「キャリア支援センター」はもともと、外部資源の活用を念頭に置いて作られていた。何をしていいかわからない川上だったが、とにかく、「人探し」から始めることに決めた。

向かったのは、市の「地域若者サポートステーション」だった。「地域若者サポートステーション（サポステ）」とは2006年にスタートした厚生労働省の事業で、就労に悩みを抱える15〜39歳までの若者に対し、キャリアコンサルタントなどによる専門的な相談や就労体験などにより、就労に向けた支援を行う相談機関だ。全国におよそ160箇所設置されている。

川上はサポステというものもよくわからずに、うちにふさわしいいい人がいないかと、そう大した期待もせずに立ち寄ってみることにした。

「槙尾ですか？　今、あの原田さんが校長でしょう。原田さんとは知り合いなんですよ」

こんな奇遇もあるのか。川上は力を得た思いだった。

「そうでしたか！　ところでうちの生徒たちの進路や、卒業生の就職を手伝ってくれる、いい人、いませんか？」

「いますよ。いい人が。高校生や若者の支援ならピッタリの人がいます。落合さーん、ちょっと、いいかなー」

奥から出てきたのは落合貴志（当時42歳）だ。すらっとした長身で甘いマスク、ジーンズに口ひげ、そして丸メガネ。川上はちょっと驚いた。

「スマートでカッコよくて、こういう感じの支援者もいるんだ」

渡された名刺を見て、さらに驚いた。「株式会社」とある。支援者とはどこかのNPOみたいな組織に所属する人たちだと漠然と思っていた。しかし株式会社を立ち上げているということは、支援という仕事でメシを食おうとしているわけだ。もしかしたら、これは相当変わった人かもしれない――。

槙尾に戻った川上は、さっそく名刺に書かれてあるサイトを検索してみた。公開されている落合のプロフィールを見て、さらに驚いた。

工業高校から美容師の専門学校、フリーターにバーテンダー、バンド活動、27歳で子どもができて結婚……川上は目を疑った。これまで会ってきた支援者やスクールカウンセラーの大半が、高学歴だった。まさか、これほど槙尾の生徒に近く、生徒目線に立てる支援者がいるとは……。

川上はすぐに、落合にメールを送った。

〈私の授業を見に来ませんか？　槙尾の生徒たち、どんな子たちか、会ってみてください。この子たち、本当に大変な状態なんですよ〉

3

落合貴志が「若者支援」という仕事と出会ったのは、仕事を探してハローワークで何気なくめくった求人票からだった。

〈不登校・ひきこもりの生活指導〉

「ひきこもり」の意味すらわからなかったが、面接に行った。築数十年は経つであろう、古いアパート１棟丸ごとが宿泊を兼ねた施設で、その一室で業界では破天荒で有名な責任者と相対した。

「資格も何も要らない。おまえが生きてきたこれまでがあれば、それでいい」

この一言が、落合の運命を変えた。31歳の時だった。27歳で結婚した落合には、当時、幼い子どもが2人いた。

落合は、母が19歳という若さで産んだ子だ。小学4年生の時に両親が離婚したが、父が家にいた記憶はほとんどなく、顔も覚えていない。中学1年の時に、「おじさん」と呼んでいた人と母が入籍したが、継父とは15歳しか年が離れていなかった。高校卒業後、美容師の専門学校へ進むも美容師にはならず、アルバイトを転々とし、バーテンダーをしながらバンド活動をしていた頃、妻となる女性と出会い、若き父となった。

就職したのは、ひきこもりを続けている若者へ家庭訪問を行い、家から出して宿泊型の施設で就労に向けての訓練を行うための施設だった。

門外漢からのスタートだったが、あっという間に子どもたちの人気者になった。ひきこもっていた若者を何人も元気にして、自立させることができた。自分自身が子どもたちの役に立っているという実感があった。

これまでバラバラで中途半端だった人生がすべて、この仕事をやるためだったと確信した。さまざまなバイトをやってきたこと、ギターができて歌えること、賞に応募した小説が二次選考を通過するなど言語化する能力があること、美容師の道をかじったこと、ひとり親という生い立ちを含め、ここに至るための道だったとようやく思えた。

38歳の時には、施設が首都圏にある生活保護率が高い自治体から委託された「地域若者サポートステーション」の責任者となり、生活保護世帯の子どもの就労支援に関わることになった。そこで落合が対面したのは、働く親の姿を一度も見たことがない子どもたちだった。ケースワーカーと一緒に家庭訪問をする中、母親が家事をしない家のすさまじさを目の当たりにした。

今でも忘れられない家庭がある。その家には、「お母さん」と、お母さんの命令に従う、「お母さん」より年配の女性がいた。年配の女性は台所で洗い物、そして「お母さん」は椅子にどかっと座って、昼間から酒を飲んでいた。

昼夜逆転の生活で寝ていたその家の子どもが落合たちの訪問のために起きてきて、面倒くさそうに落合の前に座った。少年のパンチパーマが、真っ当な将来を敢えて拒否しているように思えた。その彼が、「お母さん」に聞こえるように突然吐き捨てた。

「なんでオレは、こんな家に生まれてきたんだよー！　ちきしょー！　母親が真っ昼間から大酒食らって、どこの誰かわからんババアを顎で使ってるような家によー」

その時、はっきり思った。

そうだよ、この子がもしも隣の家に生まれていたなら、まったく違う人生だったろう。子どもたち、関係ないよ。彼らのせいじゃない。だってこの子たち、これまでの人生で一度もチャレンジさせてもらったことがないじゃないか。

2009年に支援施設を辞めた落合は、株式会社を立ち上げた。法人登記をしたその日の午後に売り込みを行い、槙尾高の所在地である市で若者の就労支援の仕事＝ウェブによる情報提供を行うという業務を獲得し、落合の会社はスタートした。

2011年には、サポステで若者相談員として勤務することになり、週1回の勤務のその日にたまたまやってきたのが川上だったのである。

落合はサポステが槙尾高と連携しようとしていることを漏れ聞いた時に強く思った。

「オレ、すごくやりたい。その高校の相談員として、絶対にオレを行かせてほしい」

だから川上からのメールを受け取った時、すぐさま槙尾高へ出かけた。

川上の現代文の授業を参観した落合は、そこに流れる優しさを感じた。ソフトな語り口はもちろん、生徒への眼差しのあたたかさ、声かけなど、すべてが優しさに包まれていた。生徒もちゃんと授業を聞いている。

授業を見た後、副校長に校内を案内され、最後に校長室へ通された。原田が待っていた。

原田の前に座った落合は、初めて訪ねた槙尾高についての感想を伝えた。

「野放図ではなく、学校の中に仕組みがあって、ちゃんとやっている学校だと思いました。職員室前の廊下にあるカウンター、いいですね。生徒と先生たちがさり気なく話せる感じがよくわかります。僕、学生の頃、職員室ってめちゃくちゃ緊張する場所だったのに、ここは全然、そうじゃなくて。先生たちが生徒の個別事情をよくわかって共有されていて、素晴らしいですね」

原田はニヤリと笑い、そして頭を振った。

「一生懸命やっています。でも、ダメなんです。70人もの進路未決定者が毎年、出るんです。落合さん、何か、お知恵があったら。どうか、力を貸してくださいませんか」

いろんな高校を回ってきたけど、こんな校長は初めてだった。

それまでは、どこの学校の校長も「うちは、ちゃんとできています」と実績ばかりを並べ立て、トラブルや問題は隠そうとした。なのに、槙尾高では校長自らが、「できてないです。知恵を貸してほしい」と会ったばかりの自分に頭を下げている。

うそだろっ、こんな若造に、校長先生が……。瞬間、落合にスイッチが入った。

原田は一つだけ、条件を出した。

「落合さん、相談だけなら、うちは要らないんです。そこはもう、できています。教員たちを中心に生徒の声を汲み取って、支援につなげていくという。ですので、どうしたら生徒の自立につながる道を作れるのか、そこを落合さんにお願いしたいんです。出口を作るところでずっと試行錯誤しています」

出口につながる具体的な支援、その具体策は落合にもまだなかった。だが相談員として槙尾に入るにあたり、落合は相談室に待機してノックしてくる生徒の話を聞くという、従来の「相談業務」をしようとは思っていなかった。

どうしたら生徒たちと自然な形で話ができるのか、相談室にこもって生徒がやってくるのをひたすら待っていたんじゃ意味がない。そもそも相談室に来ること自体、生徒にとってスティグマ（恥辱）になるかもしれない。そうではなくて、僕に会うのが楽しくて、自然に話ができて、気軽に悩みも言えるようにしたい。初めて校内を案内された時に目を奪われた、個性的で趣向が凝らされた、ロックな図書館。あそこだ！　あそこで僕は相談をしたい。

「校長先生、僕、相談室での相談はしたくありません。僕は、図書館でやりたいんです」

「落合さん、そこは司書さんのお城ですから、私が許可を出すわけにはいきません。司書さんがいいと言えばいいですよ」

川上の案内で、落合は図書館に向かった。

「立花さん、今度、うちで生徒たちの相談に乗ってくれる相談員の落合さんなんだけど、ここで相談をしたいと言っているんですが、どうですかね？」

「いいよ」

なんという反射神経。即決、即答だ。実は、立花にとっても、願ってもない申し出だった。「すぐに『いいよ』って言ったのは、本当にほっとしたから。一人でこのまま、どういうふうに図書館の運営をしていくか。開放という、それまでの私のやり方から始めたんだけど、不安もあった。生徒とやりとりしながら少しずつ作っていくつもりではいたけれど、それができるかな？　って。かわいい子たちがいっぱいいるけど、ワケのわからないようなところもある。その子たちの相談役として、落合さんが入ってくれるというのは、すごくありがたいと素直にそう思った」

きっと私一人じゃない方が、この子たちにはいいように思う。そもそも図書館を作っていく時って、いろいろな人と交じり合いながらやっていくのが、私にとって一つの理想だし。私じゃないもう一人の人がここにいてくれるなら、子どもたちにとってもすごくいいんだろうな。

4

6月、落合の図書館での相談業務が始まった。しかし、右も左もわからない学校現場で、落合もどうしていいかわからない。高校生って、何をどう話したらいいのだろう。話すきっかけすら、つかめない。

立花もその様子を見守っていた。子どもたちは教員でもない、「知らないおじさん」に近づこうともしない。確かに今まで、学校に彼のような存在はいなかったわけだから、生徒たちの怪訝《けげん》な視線は当然だった。

落合は図書館の閲覧室で一人、ぽつんと座っている。とにかく、落合さんをこの場に溶け込ませないといけない。それが、自分の使命だと立花は思った。

「落合さん、そこにいても子どもたち、話しかけにくいから、ちょっと貸し出し業務、やってみる？」

「立花さん、ありがとう。やり方、教えて」

さっそく一人の男子生徒がライトノベルを持ってやってきた。

「えー、結構、エロいの、読むんだね」

「これ、全然、エロじゃないですから。普通じゃないですか？」

「表紙見るかぎり、めっちゃ、エロそうじゃん」

いじられた男子生徒が恥ずかしそうに笑う。ようやく生徒と自然なやりとりができた。自分に向けられる笑顔が、落合には何よりうれしかった。

「落合さん、司書室にいた方がいいんじゃないかな？　子どもたち、ぶらっとやってきて、ここでだらっとしてるから」

それからは司書室が、落合の定位置になった。中央にある長方形のテーブルの一角で、子どもたちと一緒に弁当を食べ、放課後まで過ごす。当時の司書室は「遊戯王」のカードゲームをする男子生徒をはじめ、オタクの巣窟状態だった。

「大学イモ、僕は嫌いじゃないけど、お弁当に甘いものが入ってるってイヤなんだ。誰か、大学イモ、食べる？　あげるよ」

「やったー。ありがとうございまーす」

最初は、こんなささやかなやりとりしかできなかった。司書室で、落合は立花とよく話をした。ビートルズの話題だったり、ロックなTシャツを競ったり……。その様子を、生徒は横目でちゃんと観察していた。次第に、生徒たちの落合を見る目が変わってくる。落合ははっきり思った。

これって、立花さんが生徒から得ている信頼のおすそ分けだな。「立クミが認めた人」という。

やがて、教員から個別の相談がちょくちょく入るようになってきた。

「落合さん、ちょっと、学校やめたいって子の話、聞いてもらえますか？　1年の男子で、学校に友達がいなくて面白くないからやめるって、今、休みがちになってるんですよ」

「わかりました。どんなタイプの子ですか？」

「頭がいい子で、数字には強いタイプですね」

その男子生徒とは、相談室で個別に話すことにした。正直、やめるってやつに何を話していいかわからない。緊張でドキドキした。ただ、説教がましいことを言うつもりはなかった。数字に強いということは、データで勝負した方がいいのかもしれない。そう決めて臨んだ。

「高校やめて、どうする気なの？」

「家を出て、住み込みで働きます」

「あのさぁ、こういうデータがあるんだけどね、中卒者と高卒者の年収の違い、一目瞭然だろ？　こんなに差がつくんだぜ。16歳で住み込みって、どれだけ大変か。少なくともオレの経験談から言えることは、卒業した方がいいよってことだな」

「確かに。そうですね」

相談自体はわずか5分で終了。あとは趣味の話で盛り上がった。

「ねえ、音楽はどんなのが好きなの？」

「母親の影響で、ラルクアンシエルです」

「オレ、結構、ギター弾けるから、教えてあげるよ。オマエ、明日からちゃんと来いよ」

翌日、登校してきた男子生徒に教員たちが驚いた。

「なんで、あいつ今日、来てんだ？　奇跡だ！」

落合にしてみれば、特別なことをしたわけではない。ただ、「3本の矢」という思いがあった。**親が打っても教師が打っても、矢はその子の心に刺さらなかった。3番目の自分が打った矢が、たまたま彼の心に刺さっただけだ。同じ言葉でも、誰が言うかで違ってくる。そうだ、自分はこの子たちにとって親でも教師でもない、3番目の大人なんだ。これが僕のポジションなんだ。**

少しずつ成果が見え、教員たちからの信頼も得て、「落合さん、この子、お願いします」と個別の相談を依頼されるようになった。

生徒支援主任の佐野修司も、落合の存在を大いに買っていた。その意味では落合は今まで、学校に存在しない「大人」だった。

「落合さんの登場は本当にデカかった。だって、学校に教員じゃない大人がいる。われわれ教員に不足しているところを全部補ってくれる大人が。子どもたちにしてみればどう捉えようと、しょせん、われわれは先生。そこにただのおっちゃんがいる。自分たちに近い、うんと年の離れたアニキのようなね。この差はすごく大きいんだよ」

当初は昼の12時から5時まで司書室にいる体制だったが、2時間目から相談が入るようになり、3時間目、4時間目にも相談を続け、昼休みは司書室でお弁当を生徒たちと一緒に食べ、そして5時間目にも相談が入るようになった。

しかし次第に、落合もまた「出口」を持たない相談のつらさをひしひしと感じるようになる。

お弁当を食べている時、横に座る女子生徒に何気なく声をかけた。

「進路、どうするの?」

「就職するんだ。ほんとは専門（学校）、行きたいけど、うち、お金ないから」

「もし、お金あったら、どういうところに行きたいの?」

「保育士とか。でも、うち、生保（生活保護）だから」

何気ない話の端々から、経済的に厳しい子、生活保護世帯の子が多いことに否応なく気づく。

出席日数の問題で留年しそうな女子生徒の相談に乗った時、かつての職場で関わった、生活保護世帯の子どもたちの姿がありありと浮かんだ。

「なんで、学校、来れないの?」

「朝、起きれない」

「親に頼んで、起こしてもらえばいいじゃん」

「だって、親も寝てるんだよね、その時間」

サポステで就労支援をしていた生活保護世帯の子どもたちもそうだった。親が食費だけ置いて遊びに出かけ、一日中、放置されていた。学校へ行くようにと起こされることもなく、中学から不登校になり、そのまま家にひきこもり、社会的スキルもコミュニケーション能力も、何一つ学ぶ機会もないまま、飼い殺し状態にされていた。生活保護の世代間連鎖という「未来」しか目の前になく、生まれてきてよかったという充実感を一度も味わったことがない子どもたち……。働きかけもなかなか功を奏さなかった。１００人の子のうち、正社員になれたのは2人。アルバイトにつながった子も10人もいなかった。


槙尾のこの子たちも、このまま行けば、あの子たちのようになるんだろうな。このまま何もしなかったら、スポイルされた人生しか待っていないのかもしれない。ここを何とかしたい。かつてのサポステで、できなかったことを。


落合は固く心に決めた。

「槙尾のような課題集中校こそ、出口の支援をきちんとしないといけないんだ。工業高校や商業高校とは違う、別の形のものを作りださないといけない」

5

この年、槙尾高に意外なところから援軍が現れた。市のこども青少年局が、槙尾高を支援したいと申し出てくれたのだ。一県立高校を市がバックアップするというのは異例中の異例だが、そのきっかけはまさに瓢箪《ひょうたん》から駒。偶然の産物だった。

前年度に、原田が来賓として卒業式に出席した高校のPTA会長が、市こども青少年局の局長だった。酒席で、原田が槙尾の生徒たちの現状と学校の取り組みを話したところ、青少年局長は大いに興味を示し、後日、部長と2人で槙尾高にわざわざ見学に来てくれた。

原田には信じられない思いだった。ほどなく、槙尾の生徒の8割が市民だということで、こども青少年局が市として支援をさせてほしいと正式に申し出てくれたのである。

何という、思いもしない展開なのだ。原田は強烈に思った。青少年局長もまた、われわれと同じマインドを持っているのだ。困難を抱えた子どもたちを何とか、社会に送り出したいというマインド——同じマインドを持った人々が集まることで、支える仕組みができていくのだ。

この市の支援によって生まれたのが、「保育プロジェクト」という画期的な試みだった。槙尾高では毎年、保育士を志願する生徒が少なからずいるが、大半が夢のままで終わっていた。保育士に限らず、槙尾では大学や専門学校に進学したいが、経済的事情で断念せざるを得ない子が一定数いる。

川上文彦は進路相談の中で、つくづく思う。

「槙尾にいると、『普通』って、なんだろうなと思う。私たちが知っている『普通』を、槙尾の子たちは何も知らない。進学したいという子たちにしても、親が学費を出して進学するのが普通なんだということをそもそも知らない。大学というのは自分で稼いで、奨学金を利用して行くのが当たり前だと思っている」

実際、進路相談の場で、生徒たちは川上にさまざまな夢を語った。「声優になりたい」「憧れはブリーダー」「保育士になるんだ」と……。

「先生、オレ、声優の夢を実現するため、就職しないでバイトする。バイトしてお金を貯めて、その金で専門（学校）に行く。何年かかっても、オレ、頑張るから」

何人もの生徒がそうやって、「夢」のためにフリーターを「志願して」卒業していった。その子たちの甘くない未来を、川上は十分すぎるほど知っている。

川上が知るかぎり、フリーター生活を経て専門学校や短大に進学できた子はいない。お金は貯まらない、遊びも覚える。次第に進学なんか、どうでもよくなり、「夢はもう、いいよ」と諦めていく。手にしたのは、フリーターという不安定就労だけだ。だから川上は

「夢を求める」子には、フリーターではなく正社員として就職する方向へ変えるように話していく。だが、いくら説得しても、生徒がなかなか夢を諦められない、諦めようとしない——そんな職種の代表が保育士だった。


「先生、私、保育士さんにすごくお世話になったの。大事にされたの。だから、そういうところで働きたい」

女子生徒たちからあがる、そんな声になんとか応えられないか——川上は支援を申し出てくれている、市こども青少年局を訪ねた。青少年育成課の係長と話をしていた時、隣の席にいたのが保育課の係長だった。

「保育士になりたいと強い意志を持つ子が数人、うちにいるのですが、家庭が専門学校や短大へ行くお金の用意ができないんです。保育課という専門の立場として、どう思われますか？」

返ってきたのは、驚くべき答えだった。

「実は高卒で唯一、保育士の国家資格に挑戦できる方法があるんですよ。２年間以上かつ２８８０時間以上の実務経験を積むと、保育士の国家試験の受験資格が得られるという制度があります」

えええー！　そんなこと、まったく知らなかった。たしかに以前は高卒でも国家試験を受けることができたが、ある時期から不可能になった。だから頭から高卒では無理だと思い込んでいた。そんな方法があったんだ！

話はとんとん拍子に進む。青少年局はこう提案してくれた。

「市として、槙尾高の卒業生のために用意できる職場は、市立の認可保育園です」

「え？　うちの子たちに職場を用意していただけるのですか？」

「保育課と合意ができています。川上先生、うちの認可保育園と連携しましょう。ここで2年間、フルタイムで働けば、軽く２８８０時間を超えますから、受験資格を得ることができますよ」

ひと月あたり平均で１２０時間。労働条件も抜群にいい。待遇は市のアルバイト職員の規定が適用されるので、有給休暇10日間、交通費全額支給、おまけに共済年金にも加入できる。

川上には信じられない思いだった。

「彼女たちは卒業すれば、稼がないといけない。家にお金を入れないといけないし、自分のためにもお金は要る。専門学校に行くお金がない子たちにとって、これはものすごくいいプログラムじゃないか。やってみる価値はあるし、ダメだったら撤退すればいい」

夏休みに5日間のインターンシップを行い、双方にとっての見極めを行う。本人にしてみれば初めて体験する保育園という職場だ。実際に働いてみて、自分が本当にできるかどうかの確認を行うと同時に、保育園側もスタッフとして受け入れてもいいかどうかを見る。お互いに問題がなければ、槙尾の卒業生が4月から保育園で保育士見習いとして働くことになる。

川上は急展開への驚きを隠せずにいた。**まさか、うちの子たちが4月から、「先生」と呼ばれるようになるとは……。信じられない。この子たち、本当に先生になってしまうの？**

こうして生まれたのが、槙尾高の「保育プロジェクト」だった。スタートを切ったのはこの年の3年生、再チャレンジスクール1期生だ。

早速、岡田玲子が保育プロジェクトの噂を聞きつけ、自分のクラスの小島美咲を連れてきた。美咲は面談で、岡田に吐き捨てるように言った。

「先生、就職でいい。何でもいいから」

「何でもいいって、美咲、そう投げやりにならないで」

「ほんとは保育士になりたいけど、うち、貧しいから、そんなの、全然、無理だから。弟もまだ、すごく小さいし。あーあ、あたし、なんか、もういいや。フリーターでいい。就職もしたくない」

親から専門学校に行かせる金がないと言われたばかりで、学校生活も乱れがちになっていた。この先の人生、もう何もないとばかりに、学校も休むことが多くなっていた。

川上は美咲を、受け入れ先の保育園に連れて行った。夏休み中の5日間、フルタイムで働くのだ。保育園という職場に初めて立った美咲を、そしてその日に起きたことを川上は今でも忘れない。

小島美咲はまっすぐに前を向いて、園長先生の話を聞いていた。その時の真剣な表情といい、ぴしっと引き締まった雰囲気といい、槙尾では誰も見たことがない、小島美咲の姿がそこにあった。頬が紅潮して、目がキラキラと輝いていた。

これが、あの小島美咲なのか。身体中に震えが走った。

ああ……オレ、この仕事やってきて、こういう瞬間が一番好きだ。生徒が変わっていく瞬間に立ち会える――槙尾の誰も見たことがない美咲にオレは今、立ち会っている。

川上は瞬間、確信した。小島美咲は今、「希望」を見つけたのだと。生徒にとって、希望とは何と大事なものなのか。そうだ、生徒がよく言っていたではないか。

「先生、相談はもういい。何も変わらない。何か、具体的なものが見たいよ」

これなんだ、美咲は今、その具体的なものの前にいる。具体的なものを見せてあげた時

に、生徒はこれほど大きく変わるのか。

小島美咲は4月から、保育園の「先生」になった。園で一番若い「先生」はあっという間に人気者となり、職員からも子どもからも保護者からも信頼を得た。

園長が川上に太鼓判を押す。

「川上先生、子どもたちにとっても、若い先生ってすごくいいんですよ。美咲ちゃんを見ていてつくづく思います。美咲ちゃんのこと、本当に頼りにしてるんですよ。いてもらわないと困るんです」

なんなんだ、これは。正直、槙尾に進学するのが精一杯だった生徒だ。学力的にはどうしても低い。学校も休みがちで、自暴自棄にもなっていた。それが希望する仕事に就いて、マンツーマンで仕事を教えてもらった結果、たった1年で使いものになっている。

このプロジェクトは1年で別の保育園に移る決まりがあるが、移った先でも、美咲はあっという間にアイドルになった。

一方、美咲と同じ年に保育プロジェクトを使った、もう一人の山下智花は、美咲ほど順調には進まなかった。「仕事ができない」と園から連絡が入り、川上は何度も園に面接に行った。仕事中に寝てしまうのだが、それには理由があった。彼女には幼い弟、妹が大勢いるために夜間も働くダブルワークを余儀なくされていたのである。

「智花さあ、大変なのはわかるけど、せっかく与えられたチャンスなんだよ。これじゃ、ダメだろう」

「川上先生、ごめんなさい」

智花はさめざめと泣く。1年目はこの繰り返しだったが、次の園では見違えるほどになった。このプロジェクトでは年に2回、川上が保育園に面接に行くことになっているが、9月、面接に行った川上の前に現れたのは、もはや別人だった。

あれは智花だよな？　満面の笑みでこっちへ向かってくる。槙尾では、一度も見たことがないような晴れやかな笑顔で。ああ、またそうだ。この笑顔を見たのはオレだけだ。

川上は園長と話した。

「学校では遅刻も休みも多くて、卒業ギリギリだったんですよ」

「ええー？　遅刻も休みもないですよ。他の先生の指示もしっかり守るし、仕事もできるし、とてもいい子ですよ。先生たちがお休みを取れるのは、智花ちゃんがいるからですよ。全部の穴を埋めてくれるんです」

しばらく仕事ぶりを見ていたが、保護者からの電話対応は保育士そのものだった。

「あの山下智花が、こうなっちゃうんだ。いやあ、すごい。このプロジェクトはいけるな」

川上は目を開かれた思いだった。

学習って何だろう。専門学校や短大での座学もいいが、最初から丁稚奉公のように、見よう見まねで仕事を覚えていくのも悪くない。現に、彼女たちはどんどん仕事を吸収して変わっていっているではないか。

オレは何度、生徒が変わる瞬間に立ち会ったことだろう。どの子もみんな家庭に課題があり、在学中はだらしないと言われてきた子どもたちだ。なのに……。

山下智花のこの言葉で、川上はすべてが腑に落ちた。

「先生、これは好きな仕事だから。好きなことはがんばれる。いくらでもがんばれる。あたし、今、がんばっているのが楽しい」

２年間、フルで働き、保育士の受験資格を得た智花だが、受験はしないという。

「川上先生、智花、勉強がしたくなったから、短大か専門をＡＯ入試（試験ではなく、大学が求める学生像に合致するかどうかで選抜を行う）で受験する。どこか、保育士の資格が取れるところに入るよ。１年分ぐらい貯めたから学費は大丈夫だし、やっぱり、勉強しないとダメだと思った」

「いやー、智花。おまえから勉強したいって聞くとは思わなかったよ」

なんだよ、この子たち。槙尾に来ているのだから、できれば勉強はしたくないはずだ

ろ。それが自ら進んで進学して勉強すると言う。このプロジェクトがなければ、夢どころか人生も投げやりになっていた子たちだ。これだよ、この社会にもっと、資格取得の多様なルートがあっていい。

この保育プロジェクトは、今も続いている重要な制度だ。川上はつくづく思う。青少年育成課が支援を申し出て、たまたま保育課と話した中から生まれた、まさに奇跡のコラボだったわけだが、保育士不足の対策にもなり、家庭に困難を抱えた子の支援にもいいという、非常にハイブリッドなプロジェクトになっているではないか。

「これは、保育士になりたい子にとっての、まさに希望の場所だ」

現在の課題は、保育士の国家試験に一人でも合格すること。いまだ誰も資格を取っていないというのは、支援の手をさしのべてくれたこども青少年局に申し訳ない。

しかし実際には、保育士の国家試験はかなり難しく、槙尾を出た子がそう簡単に合格できるレベルではないというのも厳然たる事実だった。

岡田のクラスだった小島美咲もチャレンジしたが、全科目落ちたことで意気消沈し、保育士の夢を諦め、一旦は別の仕事に就いた。しかし、やっぱり違うとハローワークで見つけた、病院内保育所の保育補助という仕事の面接を受け、正社員として採用された。槙尾にやってきた美咲は、まんざらでもない笑顔で岡田に言った。

「岡田先生、資格があった方が給料は高くなるし、病院からも早く資格取れって言われているから、これからがんばって受けるね」

岡田は心から思う。

「あのプロジェクトで、小島美咲は人生が変わった。正社員になったということはずっと、保育という仕事を通し、子どもと関わっていけるということ。5年かかったけど、小島美咲は自分の夢をちゃんと叶えた」

川上が何度も声をかけたのは、槙尾でもピカイチの成績だった鈴木春奈だ。

「おまえ、国家試験、受かれよ」

「先生、ごめん。失敗しました」

「そっか、来年もあるからね」

「いえ、先生、3科目しか受かりませんでした」

「え？　春奈、おまえ、3つも受かったの？」

保育士受験は1科目でも受かれば3年の猶予が与えられ、3年のうちに「保育原理」「社会福祉」など、全8科目の筆記試験に合格すればいい。

実は進路指導の際、川上は春奈に奨学金制度を利用しての短大進学を勧めた経緯がある。この子なら大丈夫だと思ったからだ。しかし春奈は頑として断った。

「先生、奨学金だけは借りたくない。お兄ちゃんが借りて専門に行ったけど、お父さんが使い込んでて、学費納入時にものすごいバトルになってる。あんな思い、あたしはしたくない。だから、この保育プロジェクトに入ってがんばる」

2年間のプロジェクトを終えた後、春奈は特別に正規のアルバイトとして雇用された。雇った保育園の園長は川上に説明した。

「川上先生、資格がなくてもこれだけ仕事ができるのだから、正規のアルバイトにします。園長の私が春奈ちゃんの面倒を見ますから」

今、春奈の家で働いているのは彼女だけだ。

「先生、家に帰っても、みんな寝てるんだよ。働いてるの、私だけ。お兄ちゃんもフリーターになっちゃって、だから私はがんばるんだ」

6

校長の原田憲介は、外部相談員の落合貴志に会うたびに声をかけていた。

「落合さん、何かアイデア、ありませんか？　子どもたちの自立支援につながるような、うちならではのプログラムを作りましょうよ」

原田には忸怩たる思いがあった。うちのキャリア教育は、まるで「畳の上の水練」だ。何の役にも立たない。そりゃ、1年生全員が職場体験に行くなんて槙尾だけだ、A県では他にない。それだけでも表彰ものだが、そこまでやっても就職という出口にはつながらない。毎年70人の進路未決定者——これをどうしていくのか。

原田が念を押す。

「落合さん、インターンシップはうちではダメですよ。無給だと誰も行きたがらないから」

多くの家庭で、子どものアルバイト代が家計を助けていた。

「なんかさ、バイト代が出ても、ティッシュとかトイレットペーパーとか、買わなきゃならないからさ」

お昼休みの司書室で、落合は内心の動揺を抑えつつ、女子生徒のこんなぼやきを聞いていた。女子高生のバイト代がトイレットペーパーに消えるなんて、思いもしないことだった。

落合は、面と向かって原田に提案した。

「ここでは8割の生徒がアルバイトをやっているんですよね。そのアルバイトを、何とか就職に向けて再構築できないでしょうかね」

落合がイメージしたのは、若者の就労支援の一つの方法である「中間的就労」だ。ニートや長期失業者など一般の企業で働くことが難しい当事者に対して、軽作業などの本人が可能な形で働ける場を提供しながら自立を助けるというものが「中間的就労＝就労訓練事業」で、若者支援や生活困窮者支援の世界で取り上げられるようになってきている。もちろん、一定の賃金は支払われる。

しかし単に「中間的就労」といっても、子どもにも受け入れ先の企業にも、何のことなのか意味がわからない。この「言葉」では浸透しない。**何か、いい言葉はないかな。**

帰りの車内で、落合はずっと考えていた。槙尾高からの帰り道、車窓の夕闇はだんだん濃さを増してくる。電車に揺られながら、落合は「名前」を考える。理解ある企業のもとで有給のアルバイトをしながら、簡単な労働ができるようになっていくような仕組み——これからスタートさせようと目論んでいる、新たな試みに新たな名前を。

うーん、訓練をさせてもらうという意味では、インターンシップという面もある。だけど、槙尾では賃金が支払われないと成立しない。槙尾の子たちはほとんどが、アルバイトをしなきゃいけない。

無給のインターンと、有給のアルバイト。2つが合体したものだから、インバイト……。「インバイト」？　おお、なかなか、いいんじゃない？　これで行こうよ。

2012年9月、槙尾高の職員会議で落合は提案した。

「有給の中間的就労を槙尾高でやりましょうよ。僕、『インバイト』って考えたんです。在学中にアルバイト代をもらえる形にして、協力企業や自営業者のもとで職業訓練をする。それを、卒業後の正規雇用につなげていくというのはどうでしょう」

すぐに反応したのは原田だ。

「なるほど。有給にした上で、教育的枠組みによる就労支援のシステムを作る。いいんじゃない？」

「有給でやろう」という発想は、教員からは絶対に出てこない。そもそも、アルバイト禁止の高校は山ほどある。**落合さん、なかなかアイデアマンだな。**

とにかく、賛同してくれる企業の開拓が必須だった。当時、たまたまA県が「新しい公共」支援事業を募集していた。これは時の民主党政権が打ち出した政策で、それまで「官」が独占していた公共事業の弊害に鑑み、市民やNPOという生活者に近い人たちを主体とした公共の事業を作り出そうという試みだった。

1ヵ月という準備期間しかなかったが、原田自らがプレゼンテーションを行った槙尾高独自の就労支援「インバイト」は最高得点で「新しい公共」に選ばれ、800万円ほどの県の予算がついた。

かくして、インバイトは船出した。

「経済困窮が教育の格差につながっています。これって、子どもたちは悪くないんです。子どもは親を選べません。ひとり親だったり、生活保護世帯だったり、あるいは虐待や放置されている環境の子どもたちは、家庭で普通に学べることを何も学べないまま、社会に出ることになってしまいます。その先は、不安定な仕事しかありません。この子たちを自立させるには、多くの大人が関わるしかないって僕は思うんです。槙尾高で今、『インバイト』という就労支援をやっています。ぜひ、皆さんの企業で若者を受け入れてくださいませんか。親は選べない。だけど、貧困から抜け出す道は選べる。これはそのためのプロセスです。どうか若者たちを助けてください」

篠立沢近辺で業種を問わず、地域のいろいろな人間が集まって、酒を飲みながら地域の課題を共有しよう——そんなイベントが催されると聞き、落合は頼み込んで5分のプレゼン時間を得た。何とか、地域の人たちにインバイトを知ってほしいという思いだった。

プレゼンを終え、席に着いたとたん、脚本家の宮藤官九郎に似た青年が近寄ってきた。

「ぼく、美容院を経営しています。今の話に共感しました。ぜひ、協力させてください」

伊藤俊（当時35歳）は「元ひきこもり」でもあった。美容師の専門学校を卒業後、見習いで入った美容院2軒で、イビられたりハメられたりした経験から心を病み、家にひきこもった。

救出してくれたのが、「師匠」と呼ぶ、40代後半の美容師だった。

「おまえ、いつまで家にこもってる気なんだ。そんなことしてる場合じゃないぞ」

家から引きずり出され、むりやり連れていかれたのは知的障害児の施設だった。

「子どもたちのカットをしろ」

美容学校を出たばかりの身で、カットなんかできるわけがない。さほど乗り気でもなく、恐る恐る引き受けたところ、知的障害の子どもたちがすごく喜んでくれた。それが、たまらなくうれしかった。**こんなオレでも誰かの役に立っている! こんなかわいい笑顔に会うの、オレ、初めてかもしれない。**

翌日から、師匠の店でアシスタントとして勤務した。「見て覚えろ。盗め」という厳しい修業時代を経て、ようやく技術者としての自分の土台を確立することができた。しかし程なく、父が女性を作って出奔、同時に母が難病となった。妹はまだ学生、20代前半の若さで、伊藤は一家の大黒柱の任を背負わされた。

一刻も早く、美容師としてすべての仕事を任される「ヘアスタイリスト」になりたい。人が3年かかるところを1年でやろうと決めた。8時に店が終わった後、夜中の2時まで練習を重ねた。朝は7時に店に入り、掃除など開店の準備をする。はたして1年で、伊藤はスタイリストになった。

26歳で「店をやらないか」と声をかけられ、営業権を買い取ったのが1年後のこと。店が軌道に乗ったのはつい2年前、2010年のことだった。

師匠に拾ってもらい、育ててもらったからこそ、今の自分がある。落合の話に、「これだ！」とピンと来たのは、どんな子も自分の環境に絶望してほしくないからだった。

そういう子たちも自立していける社会を作らないといけない——そう落合さんは言った。**そのとおりだ。そういう子たちだって世に出たいだろうし、今度は自分がそういう子たちを雇って、育てて社会に出していく番なのだ。中小企業が本気を出したらどうなるか、見せてやりたい。大企業が切り捨てていく子たちを、オレら中小企業が育てないでどうするんだ！**

落合に声をかけた時、伊藤は既にアクセルを踏んでいた。

7

「北川、就職ってどうするか、そのやり方、わからないだろ？　キャリア・カウンセラーさんに教えてもらえ。カウンセリングがあるからさ、受けてみるか？」

2012年10月、川上文彦は北川里奈に声をかけた。周囲が進学や就職を決めているのに、このままでは確実に、里奈は進路未決定者になる危惧があった。

「腹、減ってんだから、授業中だっていいだろ、食わせろよ」

教室での里奈は毎回、こんな感じだ。空腹なのだから、これから食べるぞと敬語一つ使うわけでもなく、教員に宣言する。

「食べろよ」

川上の言葉を受けて里奈は菓子パンをむしゃむしゃと食べ出す。川上にとってみれば、「死ね」でも「うぜえよ」でも何でもいい。こうしてやりとりができることが大事だった。

川上から見れば、里奈は槙尾によくいる、問題を抱えた子の一人だ。父親が病気のために生活保護世帯となって10年あまり。母親は滅多に食事を作らず、インスタントやレトルト食品などバランスの悪い食生活のため、肥満傾向にあった。里奈のような子は槙尾では特に珍しいことではない。大抵肥満に陥るか、栄養失調状態で背が低く痩せているか。槙尾の子たちが、あまり身体が丈夫でないことを川上は感じていた。

なかなか就職に向けて動こうとしない里奈を、川上はキャリア・カウンセリングにつなげることでなんとかしてモチベーションを醸成させようとした。

槙尾高では月に3回、有資格のキャリア・コンサルタントに来校してもらい、コンサルティングを行うという仕組みができていた。自分の適性を生かした職種の相談や、希望する職に就くための計画作り、進学の場合は修学資金をどう確保するかなどの相談が行われていた。

　キャリア・カウンセラーに里奈は心の奥に封印していた思いを語った。父が絶対的支配者の家で、幼い頃から何が行われてきたのかを。有無を言わせないしつけ、母や兄、そして自分に向けられる激しい暴力、そして無気力な母が時に狂ったように自分にふるう暴力……。

　キャリア・カウンセラーは一つだけ、里奈に「出口」を見つけた。

「川上先生、北川は美容院にいい思い出を持っています。幼い頃、母に連れられて行った美容院で大事にされて、カーラーをくるくる回して遊んでもらった。それが楽しかったと。北川には美容師がいいかもしれません。ただ、通常の高卒求人では難しい。圧倒的に社会性がないですから」

　美容師か——川上は落合から、「いい人がいる」と、美容師・伊藤俊の存在を聞いていた。よし、インバイトを使ってみよう。

　里奈のような子は普通の就職じゃ、まず面接ではねられる。インバイトのように周囲の大人が支える仕組みを使わないと自立へは向かえない。キャリア・カウンセラーが付け加えたように、圧倒的に社会性がないからだ。もちろん、常識もない。

　里奈はアルバイトの面接を十数回落ちている。一つだけ焼き肉屋に受かったが、ここは

1週間でクビになった。川上の前で、里奈は泣きながら話した。

「先生、私は一生懸命やった。なのに、いろいろ言われて、自分から辞めなきゃいけなくなって……」

彼女は「自分は一生懸命やった」と言う。だが、その一生懸命やった方向が違っていたことに気づかない。里奈の言う「一生懸命」が客を苛立たせる。サービスにも会計にも呆れるほど時間がかかり、敬語一つ使えず、それが店へ苦情として寄せられる。

常識的な人から見れば当然、その子たちへの違和感がある。だが、その違和感を本人たちが自覚できていない。自覚していないのだから、直しようがない。自覚させていくだけでも時間がかかる。それは我慢強く、時間をかけて教えていくしかない。インバイトの仕組みの良さは、そういう子どもたちを我慢強く支えてくれる店主や経営者などの「同志」がいることだ。インバイトは企業と学校がいわば「同志」となって、お互いに手を携えて困難な子どもを支えていく仕組みなのだ。

さて、北川にどう、声をかけようか。へそを曲げられてもつまらない。ある日、たまたま、里奈が川上の前を歩いていた。よし、今だ。追い越す瞬間、川上はさっと声をかけた。

「美容師になるんだろ？　オレもがんばって求人を探してくるからさ。で、すぐにでも、バイトで受け入れていいって言ってくれるところがあるんだよ。やるか？」

驚くほど、素直な言葉が返ってきた。

「うん、がんばる」

3年の11月、北川里奈のインバイトがスタートした。

「伊藤さん、かなり大変な子ですが、お願いできますか？　われわれが伊藤さんを支えますから」

「川上先生、大丈夫ですよ。家庭環境が複雑だというのは、僕にとってはどうでもいいんです。要は、この世界で食っていきたいかどうかだけですから」

こう啖呵を切ったものの、実際フタを開けたらとんでもない現実が伊藤の前に現出した。

こんな子がいるのかよ？　人としての基本ってあるだろ？　なんで、挨拶ができないわけ？　電話の対応もできない。言われたことをそのとおりにしない。だから何度も、同じことを言わないといけない。何、これ？

そんな伊藤の驚愕を里奈は何一つ感じることなく、放課後、閉店までの4～5時間をアルバイトという形で店に通い続けた。1週間しか続かなかったバイトが、卒業までの4ヵ月間も続いたのはもちろん伊藤の温情あってのことだ。そして槙尾高を無事に卒業した里奈を、伊藤は4月から正社員として雇用した。一旦引き受けたからには、中途半端な形で放り出すことは、伊藤には到底できないことだった。

川上は里奈の自立支援の要は、正社員としての就職と同時に、家を出ることだと考えていた。父が支配する家で、父の精神的抑圧から里奈が心身症に陥りつつあるという医師の判断もあった。とにかく、里奈を父から切り離さないといけない。

そこで生活保護のケースワーカーと相談して、父親の世帯から里奈だけが抜けるという「世帯分離」を行うこととなった。生活保護はあくまで世帯単位で支給されるものであり、このまま里奈も父の世帯の一員として生活保護受給者のまま働くと、里奈の給料が「収入」として認定され、その額だけ、支給金額が減らされるだけでなく、父が里奈の収入を使い込む恐れもあった。

里奈だけで別世帯の住民票を作り、生活保護から抜けた。川上と一緒に生活保護を扱う生活援護課に行き「保護廃止」の証明を受け取り、その書類をもって国民健康保険を作る窓口へ向かった。国保の保険証を手にした里奈の口から、叫びが漏れた。

「これで、医者に行けるんだーー!」

生活保護を受けていると、医療機関にかかる際、役所の窓口で「医療券」を発行してもらう必要がある。それが面倒で、これまでは薬局で薬を買ってしのいでいた。

里奈の新居となるアパートは、川上や落合が店の近くがいいだろうと不動産屋を回って探した。入居にあたって保証人となったのは、校長の原田憲介だった。

小さいながらも自分の城を持つ里奈に、川上はきっちり話した。里奈はいつも年の離れた妹のことを気にかけていた。

「おまえががんばって自立していれば、妹は簡単に自立できるんだよ。おまえの家に呼べばいいだけのことなんだから。だから、がんばりなさい」


「困りました。北川、どうやって、教えたらいいんですかね……」

北川が正社員として入社して1ヵ月ぐらい経った頃、落合に伊藤から相談の電話が入った。挨拶ができない。遅刻して出勤しても「すみません」が言えない。電話は友達感覚、敬語が使えない。予約を勝手なやり方で入れてしまうから、ダブルブッキングする。言われたことを、そのとおりにやらない。30代女性に、40代女性向けの雑誌を持っていくのはとても失礼なんだと教えても、何も考えずに持って行く。入って早々、嘘をついて休む。伊藤は今まで何度、アパートまで里奈を起こしに行ったことか。

それなのに落合との面談では、里奈は元気いっぱいだ。

「一生懸命、がんばってます。何とかやれてますから、落合さん、安心してください」

正社員としての就職がそのままハッピーエンドとならないことは、川上も校長の原田もよくわかっていた。

このままでは、伊藤が持たない。とにかく「同志」として飲もう。今度は伊藤を支えないといけない。原田、川上、落合、伊藤の4人がレストランに集まった。

乾杯の後、川上はまず伊藤に頭を下げた。

「結局、インバイトって、より困難を抱えた子が集まっちゃう仕組みなんですよ。普通にアルバイトできる生徒にしてみたらインバイトは面倒くさい。何度、面接に行っても、落ちるような子が集まってきちゃうわけです。北川もまさに、そうなんです。伊藤さんの大変さはよくわかります」

原田も同じ思いだった。

「伊藤さんには、かなりご迷惑をおかけしていると思いますよ。伊藤さんが持つ違和感を、彼女自身が自覚できていないんですね。『やっぱり、私、なんか違うんだ』と自覚させるには、我慢強くやっていくしかないんです。インバイトの良さは、我慢強く育ててくれる同志がいるってことです。北川のような子を育てるには、本当に手間がかかるからねー」

やがて、伊藤の言葉に力が入る。

「そうですよね。やっぱり、オレらがやらないと。切り捨てられる子たちを育てないと。

でも、北川はめっちゃ大変です」

北川里奈のような子は、槙尾にはいっぱいいると原田は思う。労働するという基本的な生活習慣、マインドがない家庭で育っていると、子どもの頃から身についていなければならない社会通念、身の処し方、話し方などがすべて欠落する。これまで社会は、そういう子を「使えない」と一刀両断し、ポイッと排除してきた。社会が手間をかけなくなった瞬間から、能力のない子たちが社会に沈殿していく。**だからこそ、損得勘定抜きで支援してくれる、伊藤さんのような同志はものすごく貴重なのだ。**

一方里奈も次第に追いつめられていく。なぜ怒られるかがわからない。ずっと立ちっぱなしで、疲れもハンパない。思い余って、槙尾高に電話をかけた。川上の声を聞いた瞬間、涙が出た。

「社長はものすごく厳しくて仕事はすごくつらくて、もう、辞めたいよー。どうせ、うちは貧乏だから、何やってもダメなんだー」

話しながら、過呼吸になっていく。一旦あふれた涙は止めようがない。

「いいか、北川、落ち着け！　オレがこれから店に行って伊藤さんと話すから。おまえは、今日はゆっくり休みなさい。明日は行けるだろ？」

北川里奈は生まれて初めて、信じられる大人に出会った。自分をありのまま受け止めて理解しようとしてくれる大人に。槇尾に来なければ、絶対にずっとひとりぼっちだった。家では殴られ、ほっとできる場所なんて全然なかった。中1で化粧を始め、タバコと酒を覚え、友達と夜通し遊んだ。中学では、先生もクラスメイトも誰も相手にしてくれなかった。槇尾高だけだ。自分をちゃんと認めてくれたのは。行事をやり遂げる達成感も初めて知った。「家が大変なんだ」と何でも話せる友達もできた。何より、先生たちだ。先生たちみんな、仲が良くて、里奈にやさしくしてくれた。

川上は、電話を北川の元担任へと渡す。

「北川、大丈夫か？　そんなに大変なのか？」「おまえなら大丈夫だよ、がんばれよ。先生は信じてるよ」

何人もの教員が次から次に、電話を替わる。

「北川が大変だ！」

槇尾高の職員室では、大騒ぎになっていた。

これは、卒業で終わりにしない支援なのだ。ここで終わらせてたまるものか！　北川をここでリタイアさせては絶対にいけない。槇尾の教員全員、同じ思いだった。

雑用しかやらせてもらえなかった北川里奈に秋の終わり、シャンプーの合格点が出た。ほどなく、伊藤の美容室にスーツ姿のおじさん集団が現れた。原田に川上、元担任に副校長、そして一人だけジーンズなのは落合だ。川上が職員室で話したら、大いに盛り上がった。

「あの北川に、シャンプーの許可が出たようですよ」

「じゃあ、北川にシャンプーしてもらいに行きましょう」

教員たちはみんな、うれしかった。「あの北川」が、一つのことができるようになったのだ。

まさにシャンプー・パーティー。最高に楽しい夜だった。

「北川、がんばれよ。うまいじゃないか」

「いやあ、かっこいいじゃん」

元担任は涙を流しながら、シャンプー台に横たわっている。それだけ3年間、苦労した子だった。

北川里奈は伊藤の美容室で3年、働いた。そしてある日、職場恋愛禁止という掟を破って同僚男性と駆け落ちし、姿をくらました。それっきり、槙尾の誰も北川里奈とは会っていない。

それでも川上はこう考えている。

「校長が保証人になっていたアパートはきっちり掃除をして、お金もちゃんと払って、何一つ、校長に迷惑がかからない形で出て行きました。それだけでも、私らがやったことは意味があったと思うんです。確実に、北川里奈は成長したと私は今でも思っています」

8

「川上先生、森田、なんか変だよ」

イタリアンレストランの店主、横山潤（当時44歳）から川上に電話が入った。

横山もまた、インバイトで槙尾の生徒を受け入れていた「同志」だ。川上との出会いは偶然だった。市にある「男女共同参画センター」のイベントに行ったとき川上は槙尾高の話をした。

「うちでは満足にごはんが食べられない生徒が、結構います。朝どころか、昼も夜も。バイトの賄いだけという子も。父子家庭で『自分のメシは自分で何とかしろ』と言われた男子はかわいそうなぐらい痩せちゃって、体力がなくて、なかなか学校に来られないのです。学校に来ればクラスメイトに、『ごめん、なんか、メシ、食わせて』ってお願いするんですよ。そうするとみんな、自分の弁当を分けてあげるんです。仲間思いのいい子たちなんです。だけど、本当に何とかしないといけない。大人が手を差し伸べないと」

すぐに川上に話しかけてくれる人がいた。

「篠立沢の高校なら、ご近所にいい方がいますよ。隣の駅で、イタリアンレストランを経営していて地域のために力を尽くしている方です。地産地消で、農家とのネットワークも築いていらして」

翌日、川上は一人で横山の店を訪ねた。

「うちの生徒たち、貧困で、家の事情で食事もままならない状態です。100円ショップのポテトチップで一日終わりとか。学校もどうしても休みがちになるし、顔に生気もないですし、就職も面接で落ちる。卒業しても、フリーターのまま。ぜひ、『インバイト』という形で、そういう子たちの力になっていただきたいのです」

一も二もなく、横山は乗り気だった。

「どうせ雇うなら、私は困っている子を雇いたいと思っています。先生がおっしゃった、お腹を空かせている高校生のために何とかしたいです。うちには賄いもありますし。私どもが経営するイタリアンの惣菜店がこの近所にあって、主婦の方たちに働いてもらっているのですが、そこで『インバイト』をするのはどうでしょう?」

その惣菜店の基本は、「リバイブ・レシピ」。毎朝、横山が近所の農家を訪ね、規格外品やB級品として廃棄される野菜を買い求め、美味しいメニューとして蘇らせる。これぞ、朝採れ野菜の「地産地消」だ。店は、料理が得意な地元のベテラン主婦が、メニュー作りから調理までを切り盛りする。これで埋もれた人材も活用することができて一挙両得だと、横山は自負する。

料理上手の地元の主婦と一緒に働けるなんて、貴重な機会ではないか。願ってもないことだった。家庭料理に飢えている子たちなのだ。川上にはすぐ、思い当たる子がいた。

「実は北海道から来て、今、里親のところで暮らしている子がいるのですが、その子をお願いしたいと思っています」

森田美希、高校2年生。祖父が北海道でスナックを経営、実母は中学生から働かされ、16歳で美希を産んだ。父親は、誰かわからない。このまま祖父宅で暮らせば、すでに小学生のころから接客をさせられていた美希も母親の二の舞になる。心配した親戚が、A県に住んでいる実母のいとこに美希を託した。いとこ夫婦は「養育里親」として、美希を養育することとなった。親の死や虐待などの理由で生活が困難になった子どもを自宅で預かり育てる「養育里親」は研修を経て認定される。自治体から毎月、措置費が支払われ、国がその2分の1を負担することになっている。こうして美希は社会的養護の対象である、「要保護児童」となった。しかし、問題は、美希を引き取った里親にあった。

生徒支援主任の佐野修司は、北海道から来た美希のことをいつも気にかけていた。オドオドと下を向き、話しかけても目を合わせようとはしない、暗い顔をした女の子。

佐野が様子を見ていると、美希は北海道でサッカーをやっていたからと、自らすすんでサッカー部のマネージャーになった。部活をしている時だけ、美希はニコニコとうれしそうに笑っていた。

しかし、サッカー部のマネージャーは里親にやめさせられた。部活をやっていると、家事をする時間がなくなるというのが、その理由だった。掃除、洗濯、料理と美希は里親宅の家事をすべてやらされ、里父の弁当まで作らされていた。明らかに不当な扱いであり、虐待だ。佐野も川上も、児相とは何度も話し合った。美希の担当の児童福祉司が注意をしても、事態は一向に変わらない。

そこで話し合った結果、美希をインバイトという形で横山の店に入れることで、社会性を養うのはもちろん、里親から家事を強要される時間を奪うことにしたのである。

2年の1月、美希は横山の前に初めて座った。「この子、大丈夫かな？」と感じるほど大人しく、ずっと下を向いている。その暗さに、精神的に大丈夫なのかと横山は思う。

「美希ちゃん、何か自己紹介して。得意なものとかある？」

美希は初めて顔を上げた。

「自分勝手で、わがまま。いつも里親のおかあさんからそう言われているので、自分でもそうだと自覚しています」

最初はこんな美希だったが、現場では一生懸命働いた。もともと北海道で接客をさせられていたこともあり、惣菜店のレジ打ちもてきぱきこなし、愛想よく受け答えもできる。

横山は美希の家庭事情を、職場の主婦たちにきちんと説明した。主婦たちは「母代わり」となって美希と接した。何とか、この不遇な子を守りたい。それが「母たち」の思いだった。美希も健気に女性たちの気持ちに応え、人気者になるのにそう時間はかからなかった。

美希にしてみれば、30代から60代の「普通の」女性たちと接するのは、初めてのことだった。里親宅でろくすっぽ食べさせてもらえなかった食事だが、ここでは熱々の賄い料理を主婦たちと笑いながら食べられる。このような楽しい食事も、美希の人生ではこれまであり得ないことだった。

川上はいつも美希に話した。

「職場の方たち、特に横山さんには何でも話すんだよ」

横山の店に美希を置いておくことは、川上にとって地域での見守りを意味することでもあった。

美希は少しずつ、生き返っていった。大事にされること、そのままの自分を受け止めてもらえることを初めて知った。美希の顔に笑みが浮かぶようになり、もう大丈夫だと横山は安堵した。帰り際には必ず、何か、賄いを持たせることも忘れなかった。ここ以外の場所では、きちんと食べさせてもらっていないことは明らかだったからだ。

インバイトの時間は美希にとって、里親に強制される家事労働から逃れられ、心から笑える癒しのひとときとなった。


ある時、どうも美希の様子がおかしかった。横山は何かあったのか聞いてみた。

「里親のお父さん、法事があってお金がないからって、お金を貸してほしいって。『アルバイト代、どれぐらい貯まってんだ?』って。『うちはおまえのせいで、お金がないんだ』って言われて、15万円渡したんだけど、ちっとも返してもらえない」

何ということだ。横山はすぐに川上に電話をした。一報を受け、川上は児相の担当者と連絡を取った。児相はこれまで何度も家庭訪問を繰り返していた。

「川上先生、やっぱり変です。本来、彼女の生活のために支給される措置費が里親一家の生活費に使われている。おそらく、里父が管理していて勝手に使っています。車検のお金がないからと、彼女の貯金をこれも勝手に下ろされてます。美希ちゃんが途中まで受講していた介護職員初任者研修講座、この払戻金も彼女には戻っていません」

「ひどいじゃないですか。このまま、あの家に置いておくわけにいかないでしょう？」

「そうですね、うちとしては森田美希を一時保護したいと思います。この一時保護所なら、アルバイトもできるし、学校にも通えます。他だと、どうしても学校へ通えなくなりますから」

しかし肝心の美希が首を縦に振らない。きっと不安だったのだ。

「先生、あと少しで卒業だから、あの家でがんばる」

児相と話して、卒業まで里親宅に置くことにした。

川上は担当福祉司にきっぱりと言った。このままでいいわけがない。

「その代わり、里親夫婦を槙尾高に呼んで、しっかりと釘を刺します」

「いいですね、もちろん児相としてもその場にいます」

その日、川上がセッティングした会議室にはズラリと教員たちが並んだ。学年主任に、担任と副担任という美希の学年団が全員。校長の原田をはじめ全管理職。生徒支援主任の佐野、養護教諭もいる。みんなが怒っていた。

小さく縮こまっている里親夫婦の前で川上がおもむろに口火を切る。

「これから、森田美希の自立支援のため、相談する会を行います」

児童福祉司が一つ一つ確認をする。

「毎月、これだけの措置費が入っていますよね。高校生には部活や定期代をまかなう、特別手当が毎月出ていますよね。なのに、本人に定期代すら渡っていないですね。なぜですか？　お小遣いは月々、どれだけあげているんですか。本人、ほとんどもらってないと言ってますよ」

一つ一つ確認して、釘を刺す。そのやりとりを全教員が注視する。どの眼差しにも怒りの火が灯っている。

「美希の貯金を車検のお金のために、下ろさせてますよね。これ、一体、どういうことですか！　法事のお金をなぜ、美希が負担しないといけないのですか」

「初任者研修講座の受講料、返金されたものが美希に渡されてないですよね。あれは美希のお金です。すぐに全額、返してください」

多勢に無勢。里親夫婦は反論どころか、弁解さえできない。これだけ大勢の人間が美希の背後にいることを教員たちはしっかりと見せつけた。

もう、ふざけた真似は絶対にするなという強烈なメッセージだった。

森田美希は無事に卒業し、都内にある大手飲食店に正社員として就職した。寮があり、住み込みで働けるために選んだ職場だった。２年後、美希は寮を出て自分でアパートを借りた。帰宅は深夜、休みも少ないという激務だが、その職場で頑張り続けている。

今でも美希は槙尾の同級生だった彼氏と一緒に時々、横山の店に食事に来る。まるで実家に帰るように。

横山の店からは美希に続き、2人の女子生徒が巣立っていった。児童養護施設で暮らしていた子は介護施設の正規職員に、母子家庭で生活保護世帯だった子はスーパーの正規職員となって生活保護から抜け出した。

どの子もみな、「インバイト」という企業と学校の両輪の支えがなければ、どんな未来が待ち受けているか容易に想像できる子たちばかりだった。

9

2015年3月、原田は定年を迎えた。しかし原田自身の強い希望で、「再任用」という形で、翌年度も槙尾高の校長を続けることが決まった。

岡田玲子は再チャレンジ1期生を卒業させた後、2013年4月から、教育相談課長として教育委員会に再び籍を置いていたが、この年に副校長として槙尾に戻り、生徒支援主任の佐野修司が前年に続き教頭となった。こうして原田・岡田・佐野という、強固な〝槙尾マインド〟に貫かれた万全な管理職布陣が整った。

佐野は楽しかった。

「言葉を使わなくても共有できる。ほぼ、お互いに予想がつき、事態が読める。管理職3人の判断にブレが無い。これは抜群に楽しい。この楽しさが職員に伝わり、それが子どもにも伝わっていたと思う」

原田にとって管理職の役割は、生徒と直に接する教員たちを支えることだ。あれだけ大変な子どもを支えるには強力な力がいる。その力は教員集団によって担保されているわけだから、フロントラインで一生懸命やっている人たちを励ますのが、管理職の最大の仕事なのだ。教頭と副校長が暗い顔で職員室にいたら、絶対にダメなのだ。馬鹿話をして、「おまえら、仕事してんのか？」という風にしてないと、現場の教員が不安になる。

こんなイメージだ――槙尾では教員みんなで力を合わせて重いものを持ち上げている。みんなで持ち上げている時は大丈夫だが、ある教員の力がちょっと落ちると、あっちもこっちも落ちて支えられなくなる。そんな疲弊して落ちそうな人を支えるのが、管理職の最大の任務なのだ。バランスのいい人的構成を心がけ、なおかつ一定水準以上の教育実践力を担保していくという――。

再任用の2年間、教員同士が得意分野を発揮して、うまく連携できたと原田は思う。

本当にシビアな時の、ここだ！　という感覚は、佐野さんは抜群にいい。だけど佐野さ

んに就労支援はできない。佐野さんの得意分野は企業開拓ではなく、生徒だから。出口は、川上さんだ。川上さんにとって教員人生の終着駅が槙尾高だったのは、めちゃめちゃ良かったと思う。これまで彼が手がけてきたことすべてを注ぎ込めるから。岡田さんは教育相談の礎を作った。立花さんはA県一の司書、人を癒す力を持っている。それぞれの分業、これが大事なんだよ。

佐野も同じことを感じていた。

自分の役割は預かった子を無事に世に送り出すことだ。それも、いつでも槙尾に帰って来られる状態で送り出す。だから妊娠した子たちも学校に遊びに来るし、仕事を辞めた子だってやって来る。オレは外に出す＝卒業させることに全力を傾けた。でも長い間、「どこへ？」がなかった。それを川上さんがやってくれた。これは間違いなく大きい。

前校長の吉岡博史が２００８年に赴任し、支援教育の組織作りをスタートさせてから7年、ようやく充実した体制が確立されたわけだが、そうであっても2年ぶりに槙尾に戻ってきた岡田には、子どもたちの困難度がより増したとしか思えなかった。

児童相談所と連携するケースも格段に増えた。２０１５年度だけで、特定の生徒を児童相談所につないだケースが10件あった。

「多分、高校でこの数ってあり得ない。夏休み前にも一人、児相に通告して、家族と離すべきという判断で施設送致になった子がいる。もちろん、一時保護のケースもある。学校からだけでなく、近所から通報されるケースもあった。本人への暴力だけでなく、ものすごい夫婦ゲンカを見せられている、その子どもが心配だという理由で……」

高校生の段階での保護ということは、その子たちは槙尾に来るまで誰からも虐待を気づかれず、その痛みや苦しみにずっと耐えてきたということでもある。たいていの被虐待児がそうであるように、「お母さんが私を殴るのは、私が悪いからなんだ」と思い込まされたままで。槙尾高に来なければ、そのまま社会に出て、幼い頃から受けた虐待の傷を抱えたまま親になる可能性だってある。厳しい生活の中で、その後に待っているのは、虐待の「連鎖」かもしれない。

そういう人生を強いられていた子どもたちが、槙尾の教員たちのケアによって生き返る。苦しみを受け止めてくれる存在を得ることで、自分は悪くないことに気づき、虐待で受けた傷を少しでも癒すことができ、自分を大切に思えるようになる。槙尾での3年間があるかないかで、その後の人生がどれだけ大きく変わることか。

槙尾の教員たちは常に、親からの虐待には非常に敏感になっていた。生徒の異変に気づけば、岡田や佐野にすぐに報告があがった。児相との連携は、岡田と佐野が一手に引き受けて対応に当たった。本人から話を聞いて、保護しか手段がないとなったら児相に通告、保護まで一気に進める。岡田も佐野も、A県にあるすべての児相と関わっていた。

殴る蹴るだけではなく、「放置」という究極のネグレクトも少なくない。岡田が改めて驚くのは、一人暮らしの子の多さだった。親が別の異性と暮らすために家から出て行き、残されて一人で暮らしているケースも複数あった。

この頃、教頭の佐野修司は、子どもを支えるためには、親に対する支援も必要なのではないかと痛感するようになっていた。

槙尾では三者面談を年に3回行う。生徒指導の申し渡しの時も、親を呼ぶ。顔なじみになった母親が来校する際には日にちと時間を調べて、さりげなくゴミ拾いをしながら母親を待ち、声をかける。

「こんにちは。やつ、最近、いいですよ」

その一言で、母親の顔がぱっと明るくなるのだ。

「だってオレたち、子どものこと、責めないから。やった悪さはとことん追及するけど。今までは子どもの母親として学校に呼び出され、さんざん糾弾されてばかりだった人たちに、オレたちは『そうじゃないよ』というメッセージを届ける。するとたいていの保護者は、槙尾高へ行ってよかったと思ってくれる」

10

古賀美優《みう》は、2015年に卒業した、再チャレンジスクール3期生だ。

卒業式当日、佐野は美優の母親にも声をかけた。

「おかあさんも、卒業おめでとうございます」

その一言で、母親の目が潤む。

3年間、この母とはよく話をしてきた。美優は相当手こずった子だったから、家庭訪問をしては母の話を聞いてきた。母子家庭で、弟との3人暮らし。母親が子どもに暴力をふるっていたかどうかはわからないが、母を支えることが、美優を支えることにつながっていた。

美優は広汎性発達障害のうちアスペルガー症候群と呼ばれていた障害を持つ。こだわりが強かったり、対人関係や相手の気持ちを思い量ることが苦手だったりする障害だ。美優自身、この障害のせいで暴力的になるのだと思い込んでいるが、とにかく一旦、セルフコントロールを失うと、とんでもない暴力行為に出るのが常だった。常軌を逸した行動に、佐野は何度、愕然としたことか。

彼氏のバイクの後ろに乗っていた時、ケンカをすると平気で走行中のバイクから飛び降りる。彼氏に依存している表れと言えばそれまでだが、普通、走っているバイクから飛び降りようなんて思いもしないだろう。

警察沙汰になり、保護観察処分になった事件もあった。他校と揉めごとがあって、向こうの女子生徒は土下座して謝っているのに、美優は革靴でその子の頭をボコボコに蹴り上げた。頭から血が流れ、結果、全治数ヵ月の怪我を負わせた。普通はそこまでできないだろう。しかも美優は当事者ではなく、冷やかしに行っただけだった。だがカーッとなると止まらない。

当然ながら、母親とのケンカも激しいバトルになる。家を飛び出しては近所の交番に行き、机をひっくり返して破壊、電話を壁にぶつけるなど大立ち回りを3度行った。一度は応援に駆けつけた警官10人に押さえられ、精神科へ連れていかれたこともある。それでも美優がよく話をする警官は「美優はいい子だから」と、彼女をなだめてくれる。また、母親と激しく揉めたことがわかるからだ。

美優が問題を起こし、特別指導になるたびに、佐野は美優の話を聞き、卒業できるように支えていった。

「このノートを写せば、単位がもらえるから。お母さんも手伝っていいから、やっちゃって。とにかくこれを出せば大丈夫だから」

佐野だけではなく、川上やさまざまな教員が美優を支え、「意欲がある」という理由でなんとか卒業に持っていくことができたのだった。

2017年夏——筆者である私の目の前に、20歳になった美優がいた。ショートカットの小柄な女性でジャージのような地味な服装、化粧っ気はほとんどない。両腕には、いくつものリストカットの痕があると実際に見せてくれた。それはリストというより、アームカットだった。中学から「タイマンを張り」、すさまじい暴力の世界を生きてきた少女。美優が語る、槙尾高時代の「タイマン」のすさまじさに驚きを隠せない私に、美優はにっこり笑ってさらりと話す。

「でも、美優のバックにはスゴい人たち、いっぱいいたから、負けなかったよ」

胸元が極端に開いた服を着て、金髪、カラーコンタクト、つけまつげ、派手な化粧。それが、槙尾高時代の美優だった。

「美優、精神科の薬、飲んでるの。解離もあるって言われてる」

美優はまたしてもさらりと話す。「解離」とは解離性同一性障害のことを指すのだろうか。だとすれば、幼児期から激しい虐待を受けてきた可能性は十分にある。交番を破壊し、人の頭を蹴り上げた激しい暴力は別人格が行っていると考えられなくもない。

美優は槙尾で初めて、自分のことをちゃんと見てくれる教員に出会った。佐野、川上、それに槙尾ライダーを立ち上げた若手の三浦太一。岡田玲子も「めっちゃ、やさしい」先生だった。

「槙尾はね、先生たちがすごく仲がいいの！ いい人ばっかり。すごく楽しくて。槙尾ライダーもそう。みんな、槙尾ライダー見たいから槙尾に来るんだよ」

バイクから飛び降りる過激な暴力少女が変わったのは、外部相談員の落合が行っていた相談がきっかけだった。

「川上先生に相談に行けって言われて、落合さんに話を聞いてもらった時、こういう世界があるんだって初めて知った。福祉の世界っていいなって。児童福祉、やってみたいなって。落合さんのような支援者になりたいって思ったの」

胸の開いた服をすべて捨て、カラーコンタクトとつけまつげを外し、髪を黒く染め、スポーツウェアのような地味な服装に変えた。これまでの友人のメールアドレスと電話番号は全部、消した。今までの自分ではいけない、変わらないといけないと強く思った。

川上と一緒に卒業後の仕事を探した。老人ホームでのインターンも経験し、介護職員の初任者研修も受けた。面接ではどう答えるのか、川上と一緒に考えたりもした。

「仕事は保育園がよかったけど、美優には難しくて。川上先生から学童クラブもあるよって、いろんなところを一緒に回って、一つだけ受かったとこで働いているの。美優、子どもたちから、めっちゃ人気あるんだよ。親からも『みう先』って呼ばれて、可愛がられて、職員の人たちともうまくやれてるよ」

卒業から2年、美優はこの学童クラブでずっと働いている。1年から6年までの子どもが放課後、親が仕事から帰るまで過ごす場だ。子ども相手の仕事が自分に向いていると、美優は言う。できれば児童養護施設のようなところか、ファミリーホームという里親を大きくしたようなところで働きたいと美優は私に言った。

美優が私に会いたいと望んでくれたのは、私が書いた本『誕生日を知らない女の子　虐待――その後の子どもたち』を「陽だまり図書館」で借りて読んでいたからだった。美優は、初めて自分が働きたいと思った福祉の現場の実態や子どもたちの傷の深さ、里親の大変さを知ったと教えてくれた。


大人になった美優を今も支えているのは川上だったり、佐野だったりする。感情の振幅が激しく、時に不安定になったりするからだ。美優は何かあれば、川上に電話をかけるか、LINEを送る。

「実の父親がロクに私を育ててもいないくせに、美優のことを『バカ娘』とか言うのが許せなくて、川上先生に全部、悩みを打ち明けた。いつもそう、なんでも話を聞いてくれる。だから、川上先生が美優のこと、育ててくれたお父さん。絶対に裏切らないパパ。美優のことも、ママのことも、弟のことも支えてくれる」

美優が川上とのLINEのやりとりを見せてくれた。最近のものだ。

〈今日、職場の懇談会、行けなかった〉

〈どうしたの？〉

〈寝坊したの。最悪〉

〈そうかぁ、それは残念だったね。もし迷惑をかけた人がいたら、しっかり謝って、今日のことは引きずらずに、前向きに頑張るんだよ。次はしっかりね。失敗は仕方ない。大事なのは失敗を次に生かすことだよ。今の美優はとても頑張っているから大丈夫！〉

〈反省した……。ありがとう！　ちゃんと次に生かします！〉

美優が満面の笑みで教えてくれた。

「美優ね、結婚式のバージンロードは川上先生と歩くんだ。さのっち（佐野修司）も大好きだけど、パパは川上先生。いつもすごく、やさしいから」

11

これまで毎年、70人の進路未決定者を出していた槙尾高だったが、2014年度は36人までに激減した。この36人は残念ながら進路相談にまでつながらなかった子たちだ。つながった子どもたちは全員、就職を果たした。

終章

篠立沢駅から徒歩3分、古き良き昭和を彷彿とさせる「まつざわ食堂」。年季の入った暖簾をくぐるのは校長の原田憲介と川上文彦、そして外部相談員の落合貴志だ。

乾杯の後、口火を切ったのは川上だ。

「校長、やっぱり、このやり方ですね。大人が何人も関わって時間をかけて、伴走支援をしていく。早期発見と継続支援。卒業後も見据えてゆっくり、何度も支援していくという。そういう支援をやらないと、うちの子たちのような困難を抱える子どもは、社会的な自立に向かっていかない。結局、貧困の連鎖で、また貧困の中に戻っていく。しまいには身体を壊して生活保護になってしまう。無理しちゃうんですよ、あの子たち。キャバクラから学校へ通っている子もいるわけだから」

原田が大きくうなずく。

「槇尾高は、そういう子たちにとっての最後の砦みたいなものだからね。県下全域からやってくる大変な子たちの、最後の城塞なんだよ。この城塞で彼らを守らないと、そのまま社会に出たらすぐ、底辺に追いやられてしまう。これまではそういう子を追い出して学校の体面を保つ力学が働いてきたけど、これからは排除ではなく、育成だよ！」

落合も雄弁に語る。

「その追い出された子たちが家にひきこもって、10年経って、僕ら若者支援の前に現れるんだけど、僕はその『失われた10年』がすごく大きいと思っていました。その前にさかのぼって、高校生の段階で支援をしていれば、自立できる可能性はものすごくあるって。本当に大事なのは、『対処型支援』ではなく、『予防型支援』だと僕は思うんです」

川上が大きくうなずく。

「うちの子たちが育つ家庭ってそのほとんどが、文化資本がないよなーって思いますね。だから社会的常識はないし、そのまま面接に行くから断られる。ソーシャルスキルトレーニングが必要だけど、それには長い時間がかかる。だからインバイトを受け入れてくれる伊藤さんや横山さんのような人が、あの子たちには必要なんですよね。落合さんが言うように、私も18歳というこの時期が大事だと思います。私は18歳の力を信じている。18歳は未知数の力を持っていて、変わっていける年代だから。在学中に、あの森田美希が自分でアパートを借りて、長時間の激務に耐えられるって誰が思いました？　インバイトや保育プロジェクトのようにお互いが情報交換をしながら支えていく仕組みがあると、難しい子でも社会に出ていける可能性がぐっと広がるんですよ」

焼酎のロックをあおり、原田が言葉を継ぐ。

「僕にはうちの子たちの10年、20年、30年先がイメージできるんだよ。20年後に38歳、このままいけば大変な事になる。今、ニートやひきこもりの問題が社会にさほど影響を与えていないのは彼らの親が団塊世代で、支えることができるストックが曲がりなりにもあるからだよ。これからはそれが無くなるわけで、その次の世代がストックもなしに、38歳になったうちの子たちを抱え込むなんて、できるわけがないよ。これは大変なことになる。だから今のうちに槙尾の子たちのような層を就労させて、納税者としても自立できる環境を整えてあげることがものすごく重要なんだよ。この層をきちんと社会に送り出していかないと、日本社会が壊滅するという予感が僕にはある」

落合が続ける。

「何度言っても言い足りないですけど、高校を中退したり、進路未決定のまま卒業したりして、学校や職場という所属を失った若者が、僕ら支援者にたどり着くまで10年かかる。この10年の間に家族に不和が起きたりして、自信を失い、コミュニケーション・スキルも低下し、抑うつ症状などさまざまな困難を抱えてしまい、そこから復活を目指すというのはものすごく大変なんです。だから、ここですよね。高校生の段階からきちっと支援していくという」

原田が大きくうなずいて、落合を見る。

「困難がある子どもを把握して支援につなげるということを、もっとも機能的にできるのは高校なんだよ。それこそが高校の果たすべき、最大の機能だと僕は思うよ。われわれは、あの子たちの最後の砦、城塞なんだから！」

最後を締めくくったのは、川上だ。

「この間、高校で終わらせない支援の仕組みを作っていくことを、校長と意見交換しながらやってきましたが、このやり方に一定の効果があるとやっぱり思いますね。これを何とか、公的な制度の仕組みにしたいですね。これが次の課題でしょうか」

おわりに

２０１７年3月、槙尾高校の卒業式を私は保護者席の最後列で見守った。約4年にわたって取材で通い続けた高校だったが、卒業式に臨むのは初めてだった。

卒業生入場——司会の声と同時に、中央の壇上に卒業生が現れた。3年1組から順に、担任に名を読み上げられた生徒が中央に進み、一礼をして降壇、会場内にある自分の席を目指す。こうして卒業生の一人一人が壇の中央で祝福の拍手を浴びるところから、槙尾の卒業式は始まった。

女子生徒の大半は色とりどりの髪を艶やかな盛り髪にし、花の髪飾りをちりばめた華やかな「盛り盛りコーデ」に、あらためて「槙尾らしさ」を感じる。

卒業生の一人一人が晴れの舞台に立ち、主人公としてスポットライトを浴びる——これが槙尾の卒業式だった。恥ずかしそうにうつむく子、堂々とお辞儀をする子、高々と手を挙げる子……、晴れやかで誇らし気な思いがどの子からも伝わってくる。

式がクライマックスを迎える頃、壇上に6人の卒業生が登場した。一人一人がマイクを握り、今のありのままの思いを吐露する、槇尾ならではの名物コーナーが始まったのだ。その中に取材の過程で親しくなった、一人の女子生徒がいた。

「私もいろいろあって槇尾高に来れなくなって進級が危うくなった時、もうこのまま、高校をやめてしまおうかと思いました。けど今、こうして卒業式に出れているのは、ずっと一緒にいてくれた部活の仲間と、担任の先生はじめ先生方のおかげです。

時には反抗して、生意気な態度をたくさん取ったこともあります。それでも先生方は背中を向けることなく、真剣に怒って、どんなに忙しくても話を聞いてくれました。

在校生の皆さん、槇尾高にはそんな生徒思いの先生がいっぱいいます。社会に出た時、自分のことを怒ってくれて、失敗を許してくれる人はなかなかいないと思います。槇尾高の先生は、自分が困った時、助けてくれます。

怒ってくれたり励ましてくれたり、助けてくれた先生方、本当にありがとうございました。3年間、担任をもってくれた先生、先生は私がこれまで出会った中で、最高の先生です。どうか、ずっと最高の先生でいてください」

さまざまな家庭環境の下、中学まで誰にも相手にされなかった子、勉強でもスポーツでもスポットライトが当たることがなかった子、困難な環境に傷つき、疲弊し、諦めきっていた子……そんな子どもたちが、槇尾高の3年間を経て人生をやり直すスタートラインに立つ。彼女の卒業に当たってのメッセージは、そのことをまっすぐに伝えていた。

槙尾高校は全国に先駆けて、困難な課題を抱える生徒に対する新たな高校のモデルを作ったのだと私は思っている。教職員たちが異動により替わろうとも、この間に培われた〝槙尾マインド〟がこのまま引き継がれていくことを切に願う。槙尾高校こそ、困難な環境で生きざるを得ない子どもたちの「最後の砦」であり、全国各地の「課題集中校」と呼ばれる高校において、進むべきひとつの姿を示しているからだ。


槙尾高取材の起点となったのは今から7～8年ほど前、生活保護世帯の子どもの就労支援を行っている、あるNPOの職員から聞いた、次のような言葉だった。

「今、生活保護の世代間連鎖が起きています。三世代連鎖もザラにあります」

生活保護の連鎖――今なら当たり前に思われていることかもしれないが、当時の私は強い衝撃を受けた。そのNPOの伝手をたどって生活保護率が高い都下のある自治体で、生活保護世帯の子どもの取材を始めたのは2012年夏のことだった。

そこで私は18歳の未婚の母と出会った。彼女は「母子世帯で生活保護」という生い立ちで、自分は母のようには絶対にならないと頑張っていたが、高2の終わりに同級生の子を妊娠、そのまま高校を中退し、生活保護を受けながら、頼りにならない母親と子どもの面倒を見ていた。私はその経緯についてあるメディアで発表したが、現状を伝えたに止まり、解決策は何一つ提示できなかった。その後、彼女とは連絡がとれずじまいである。

自立したいのにどんどんルートから外れてしまう、こうした「困っている子どもたち」をどうすればいいのだろう――そんなことを考えているうちに、私は槙尾高の外部相談員、落合貴志と知り合った。実は私は、落合が若者支援の仕事をスタートさせたＮＰＯで、少しだけ働いていたことがある。その縁で落合と会った際に、「インバイトという、アルバイトとインターンを組み合わせた仕組みを作り、経済的に苦しい生徒がバイト代を得ながら、いずれは正社員としても就職できるよう、社会とのつながりを作ろうとしている」などなど、槙尾高の話を聞いた。

インバイト！　これ、書きたい。すぐさま、槙尾高に取材を申し込んだ。校長の原田に話を聞きながら、私はいつしか、前述した「18歳の未婚の母」のことを思っていた。真面目に生きようとしていた彼女が、もしも槙尾高のような学校に在学していたら、たとえ妊娠しても高校を中退することもなく、自立に向けて先生たちから支えてもらえたはずなのに……その瞬間、はっと気付いた。

あった、ここに！　この学校の取り組みそのものが、「困っている子」の解決策じゃないか！　こうして槙尾高校の協力を得ながら取材を続け、４年近い月日の後に一冊の本として結実した――それが本書である。

私が時に「苦しい子ども」「困っている子ども」に感情的になってしまうのは、私自身、「苦しい母親」であり、私の2人の子どももまた「苦しい子ども」であるからかもしれない。私は母子世帯の母として、フリーライターという非正規労働で息子を育ててきた。

ひとり親世帯の2人に1人が相対的貧困状態にあり、その85%が母子世帯であるという現況下、私も例外ではない。ノンフィクションという、かけた時間と手間と手にする対価のアンバランスに喘ぎつつ、息子は2人とも本人の望み通りに大学に進学した。母子家庭とはいえ、人生の選択肢を選べるところまで行かせたい――これは子育てで譲れないことであり、私の人生の最優先事項だったと言っていい。

だが、子どもが進学した後には更なる困難が待ち受けていた。大きかったのは、子どもが18歳を過ぎると児童扶養手当などの福祉サービスが一斉に打ち切られることだ。教育費が最もかかる時期に、福祉というセーフティーネットが忽然と足元から消える。

「母子家庭の子どもは、大学へ行くな」と、国から宣告されているのと同義だった。

これが死別の母子家庭ならば話が違う。夫を看取った妻には、死ぬまで遺族年金が支払われる。だが離婚した妻には児童扶養手当のみ、それも子どもが18歳になるまでだ。入学金は、母である私が教育ローンを組んで工面できたものの、わが家の子どもたちもまた、槙尾の子たちと同じように、学費は自らの奨学金で賄って大学へ通わざるを得ない。

「子どもの貧困なんて、本当にあるの？　そもそも貧困なんて言うなら、大学へ行かせなきゃいいじゃない」

友人から浴びた言葉だ。まだまだ社会の大半は、この程度の認識なのだ。こんな状況の中で「助けて」なんて、周りに言えるわけがない。そんな社会にあってわが家よりもはるかに困難な家庭に育つ子どもたちに、「助けて」と言える、言っていい環境を作り上げた槙尾高校の試みに、私は確かな一つの希望を見たのである。


最後に改めて記しておきたいことがある。

本書で記した出来事は原則として事実に基づいているが、本書に登場する生徒のプライバシーを最大限に考慮すべきと判断した結果、事実関係を極端に歪曲しない程度に、一部の記述を創作している。大半の生徒は現在成人となっているが、過去を思い出したくない、詮索されたくないと思っている人も少なくない。同様の理由により、「槙尾」という校名、「篠立沢」という地名も実在しない架空の名である（どちらも、長男愛用の山岳地図を広げ、名もなき谷や沢から拝借した）。ノンフィクションの執筆を生業としている私としては、正直複雑な思いもあるが、その判断が正しかったかどうかは読者の皆様の判断に委ねたい。

ただ、形式がどうあれ、私がこの本を通じてもっとも言いたかったのは次のようなことだ。

生徒の状況に心を痛め、生徒のためにと教員たちが一致して行動を始めた時、中学まで「うまくいかなかった」子どもたちが生き返る。その後の人生をやり直せるチャンスが得られる。この3年間があるかないかで、その後の人生が決定的に変わる。そんな役割を果たす学校がこれからますます必要なのではないだろうか。

校長の原田も言っていたように、成育環境の不遇などにより、社会的上昇の機会が得られぬまま苦しい人生を送っている子どもたちをしっかりした社会人・納税者へと変えていく学校——そんな学校は、これから未曾有の高齢化・人口減少社会を迎えようとしている今の日本にとって、もっとも必要とされる存在なのではないだろうか。


本書が世に出るにあたり、高校の関係者はじめ、多くの方にお世話になった。名前を挙げられないのが残念だが、ここに、心より感謝を申し上げたい。

この春、1年生の頃から親しくしている生徒たちが、槙尾高校を卒業する。槙尾高を訪れるたびに喜んでくれた生徒たちの笑顔に、私はどれだけ励まされてきたことだろう。

彼・彼女たちの旅立ちに、心よりエールを贈りたい。

どうか、いろんな大人に「助けて」と言って、たくさん頼って、力いっぱい社会の中で生きていってほしい。
その中の大人の一人に、私もなりたい。

２０１８年１月

黒川祥子

講談社現代新書　2477

県立《けんりつ》！　再《さい》チャレンジ高校《こうこう》　生徒《せいと》が人生《じんせい》をやり直《なお》せる学校《がっこう》

二〇一八年四月二〇日第一刷発行　二〇二一年八月二〇日第三刷発行

著者　黒川祥子《くろかわしょうこ》

発行者　鈴木章一

発行所　株式会社講談社
東京都文京区音羽二丁目一二―二一　郵便番号一一二―八〇〇一
電話　〇三―五三九五―三五二一　編集（現代新書）
〇三―五三九五―四四一五　販売
〇三―五三九五―三六一五　業務

装幀者　中島英樹

印刷所　凸版印刷株式会社

製本所　株式会社国宝社

定価はカバーに表示してあります　Printed in Japan

N.D.C. 370　309p　18cm
ISBN978-4-06-288477-8

「講談社現代新書」の刊行にあたって

教養は万人が身をもって養い創造すべきものであって、一部の専門家の占有物として、ただ一方的に人々の手もとに配布され伝達されうるものではありません。

しかし、不幸にしてわが国の現状では、教養の重要な養いとなるべき書物は、ほとんど講壇からの天下りや単なる解説に終始し、知識技術を真剣に希求する青少年・学生・一般民衆の根本的な疑問や興味は、けっして十分に答えられ、解きほぐされ、手引きされることがありません。万人の内奥から発した真正の教養への芽ばえが、こうして放置され、むなしく滅びさる運命にゆだねられているのです。

このことは、中・高校だけで教育をおわる人々の成長をはばんでいるだけでなく、大学に進んだり、インテリと目されたりする人々の精神力の健康さえもむしばみ、わが国の文化の実質をまことに脆弱なものにしています。単なる博識以上の根強い思索力・判断力、および確かな技術にささえられた教養を必要とする日本の将来にとって、これは真剣に憂慮されなければならない事態であるといわなければなりません。

わたしたちの「講談社現代新書」は、この事態の克服を意図して計画されたものです。これによってわたしたちは、講壇からの天下りでもなく、単なる解説書でもない、もっぱら万人の魂に生ずる初発的かつ根本的な問題をとらえ、掘り起こし、手引きし、しかも最新の知識への展望を万人に確立させる書物を、新しく世の中に送り出したいと念願しています。

わたしたちは、創業以来民衆を対象とする啓蒙の仕事に専心してきた講談社にとって、これこそもっともふさわしい課題であり、伝統ある出版社としての義務でもあると考えているのです。

一九六四年四月　野間省一